METRO

走近轨道交通科普系列丛书

你不知道的地铁设计

张中杰 主编
陈锦剑 朱观华 副主编

同济大学出版社
TONGJI UNIVERSITY PRESS
·上海·

图书在版编目（CIP）数据

你不知道的地铁设计 / 张中杰主编. — 上海：同济大学出版社，2022.8（2025.8 重印）
（走近轨道交通科普系列丛书）
ISBN 978-7-5765-0316-6

Ⅰ. ①你… Ⅱ. ①张… Ⅲ. ①地下铁道－铁路工程－设计－青少年读物 Ⅳ. ①U231-49

中国版本图书馆 CIP 数据核字（2022）第 141073 号

走近轨道交通科普系列丛书
你不知道的地铁设计

张中杰 主编
陈锦剑 朱观华 副主编

策划编辑 陆克丽霞　责任编辑 尚来彬
责任校对 徐春莲　装帧设计 潘向蓁 王 翔

出版发行 同济大学出版社 www.tongjipress.com.cn
（地址：上海市四平路 1239 号 邮编：200092 电话：021-65985622）
经　销 全国各地新华书店
印　刷 上海安枫印务有限公司
开　本 710mm × 1000mm 1/16
印　张 8.25
字　数 165 000
版　次 2022 年 8 月第 1 版
印　次 2025 年 8 月第 3 次印刷
书　号 ISBN 978-7-5765-0316-6

定　价 58.00 元

走近轨道交通科普系列丛书编委会

总 序

城市轨道交通作为一种绿色低碳的城市交通系统，是目前解决我国城市交通问题和大气污染问题的最佳方式。早在20世纪90年代末，国内就已掀起了城市轨道交通建设的热潮，并且范围越来越广。随着城市轨道交通建设如火如荼地进行，城市轨道交通科技也在蓬勃发展。土建、车辆、供电、通信、信号、综合监控、机电设备及消防系统等与城市轨道交通相关专业的技术成果丰硕。城市轨道交通成为支撑、引领经济快速发展和推动社会进步的新引擎。因此，推动轨道交通领域的科技进步与创新、促进先进技术的更新与应用、提高群体科学素养就显得尤为重要。

“走近轨道交通科普系列丛书”正是从广大市民的角度出发，围绕大家关心的问题，以“一问一答”的形式，深入浅出地介绍城市轨道交通科学知识及安全出行要点。本套丛书语言通俗易懂、叙述生动有趣，地铁源于“查尔斯·皮尔逊与老鼠的一次历史性的‘会面’”“地铁车辆每节车厢下面都‘别有洞天’”“你可以想象列车凭借一根钢轨悬挂在半空中”……这些阐述均来自本套丛书，相信一定能够激发读者对轨道交通的浓厚兴趣，为他们打开一扇了解轨道交通的窗口。

本套丛书的编者中有活跃在轨道交通设计研究工作第一线的青年科技骨干，也有活跃在教育领域第一线的青年教师。他们在总结实践经验的基础上，碰撞思维、跨界交流、精心甄选，为读者描绘出一幅幅轨道交通的知识画卷，带领大家感受轨道交通前沿科技的魅力。同时，本套丛书还有助于拉近读者与轨道交通专业工作者之间的距离，让读者能够理解城市轨道交通建设中必不可少的“阵痛”，学习轨道交通突发事件的正确应对方式，从而更好地融入新时代城市数字化转型的进程，进一步认可接受并选择绿色低碳出行，助力国家实现“双碳”目标。

全国勘察设计大师

2021 年 12 月

丛书前言

城市轨道交通是人们出行的重要交通工具。相比于城市道路和桥梁，轨道交通是一个较新的领域，因此不易被青少年及广大市民所了解。在日常搭乘轨道交通的过程中，有时人们会像历史学家，关心地铁发明者是谁、地铁的出生地在哪；有时人们像设计师，关心地铁是如何穿越江河、如何“掉头”的；有时人们又像文化学者，关心地铁线路颜色背后的故事、有轨电车的艺术长廊……

于是，城市轨道交通仿佛变成了一个个问号：这是什么？那是什么？为什么会这样？为什么会那样？……怎样才能方便又贴心地满足大家无穷无尽的好奇心和求知欲呢？“走近轨道交通科普系列丛书”就是一个不错的选择，可以帮助大家解决不少的疑问。

本套丛书共十册，分别为《你不知道的地铁历史》《你不知道的地铁设计》《你不知道的地铁建设》《你不知道的地铁运营》《你不知道的地铁文化》《你不知道的轨道交通》《走近有轨电车——趣谈篇》《走近有轨电车——设计篇》《走近有轨电车——建造篇》《走近有轨电车——运营篇》。本套丛书以地铁、有轨电车及其他轨道交通为主题进行编排，从历史、设计、建造、运营、文化等角度进行阐述，内容丰富、涉及面广，语言简洁易懂、生动有趣，不仅可以最大限度地满足读者对轨道交通知识的需求，而且还能让读者充分理解城市轨道交通建设的艰辛与不易。

本套丛书的内容融入了编者们在这一领域多年的积累，所包含的条目都经过编者们的精心挑选和甄别，向广大读者描绘了近200年城市轨道交通的绿色发展历程，希望借此能加深读者对我国“碳达峰与碳中和”目标的理解，引导绿色低碳出行。同时，本套丛书还展现了当今城市轨道交通涉及的各种前沿技术，让读者能深刻地感受到数字化带来的科技与便利，赋能数字化实践，助力城市数字化转型。

本套丛书得到了上海市科学技术委员会科普专项项目资助，也得到了上海市城市建设设计研究总院（集团）有限公司、上海中学、上海交通大学、同济大学出版社、中铁五局集团有限公司等单位的支持，在此表示衷心的感谢！

本套丛书中的少量图片来自网络，无法联系到图片版权所有者，在图片下方均已标明图片来源，若有相关事宜需要处理请与我们联系。

由于编者们的工程经历及学术水平有限，书中疏漏及不当之处在所难免，敬请广大读者不吝指正。

本书编委会

2021年12月

目　录

1 地铁车辆是怎么进入隧道的呢

在明代神魔小说《封神演义》中，“土行孙”可以用自己的法力，自由地在地上地下穿梭，但现实世界里的我们可没有他这样的神奇法力。我们在乘坐地铁的时候，通常要经过地面上的地铁入口进入地下的站台，等候地铁车辆的到来。在我们的印象中，地铁车辆总是行驶在地下的隧道中。但是地铁车辆这个庞然大物，跟我们人类一样，既无“缩骨功”，更无“遁地术”，究竟是如何进入隧道的呢？

这里有一个小秘密要告诉大家，地铁不会一直在伸手不见五指的

驶出车辆段的地铁车辆[1]

① 文中未注明来源的图片均为编者所在单位提供或自行拍摄。

深埋地下的地铁隧道

地下。存放地铁车辆的大本营叫作“车辆段”，“车辆段”一般都是在地面上的。铁轨从“车辆段”处开始铺设，与地下的轨道连接在一起，列车就能通过轨道从地面慢慢向地下深入。地铁车辆渐渐行驶到低于道路地面的轨道，我们叫它“敞开段”，这个时候，地铁车辆还是可以看见天空的。随着车辆的不断行驶，继续往下深入，就渐渐钻进隧道里，此时的地铁列车就正式进入了隧道内。

感受一下我们熟悉的上海地铁 11 号线的迪士尼路段。我们从地下站御桥路站，经过高架站恒新路站，最后到达迪士尼园区内的地下站迪士尼站，就可以体验在地铁线路上的“上天入地”了。

2 地下又深又长的地铁隧道是怎么挖出来的

我们经常会在路口看到铁皮围合起来的施工现场，“叮叮当当”的声音从中传来，那是施工技术人员在建造地铁车站的火热场景。若干年后，围墙拆除，一座崭新的地铁出入口便呈现在我们眼前，进入地下就是即将通车运营的宽敞明亮的地铁车站。我们知道地铁整日飞速穿梭在隧道里，将乘客一站一站地送达每个区域。地下的地铁隧道又深又长，是怎么挖出来的呀？

盾构区间的施工现场

上海地铁 14 号线静安寺站施工现场（1）

上海地铁 14 号线静安寺站施工现场（2）

地铁隧道可以采用很多不同的工艺进行施工。

最早的地铁建设是用明挖隧道的施工方式完成的。施工人员需要在隧道所在的地面上挖一个巨大的坑，从坑底开始慢慢建造。在原来车水马龙的城市道路上“开膛破肚”需要做大量的准备工作，也会对周边居民的生活造成很大的影响。例如，地下的各种管线需要搬迁；道路被封，交通也变得更加拥堵；更严重的是连工程影响范围内的房子也要拆迁。所以这是一个庞大而复杂的工作，需要很多人为之付出努力。

在一些特殊的区域，工程师们也采用一些暗挖的方法建造隧道，施工人员采用类似煤矿工人开采矿山时钻眼爆破的方法，一点一点地挖掘，一点一点地将泥土运出洞口，隧道断面慢慢变大，从小洞挖成大洞，最后建成地铁隧道。这样的施工方法速度慢，而且对施工者的身体健康也有很多不利的影响。

随着经济发展和技术进步，工程师研发团队发明了一种叫作“盾构机”的设备。这是一种类似“钢铁蚯蚓”的机器，可以钻入土中，沿着线路的准确路径，一边挖土一边前进，同时将事先准备好的金属管片放置在准确的位置上，拼装成隧道的外壁。地铁线路从城市这头到城市那头，少说也有几十千米，有了“盾构机”，一条地铁隧道的诞生就变得轻松多了。

3 地铁隧道有不同的形状吗

大千世界，无奇不有。有人在各地旅游的时候，也许参观过形状千奇百怪的山洞，探秘过错综复杂的岩穴。但地铁隧道形状不可能像自然景观中的洞穴一样，拥有千变万化的形态。大家脑海中的地铁隧道是什么形状的呢？每次我们乘坐地铁“上天入地”的时候，大家有没有留意过地铁隧道的出入口，是圆的还是方的，或者是其他形状的？

这里所说的隧道的形状，是指隧道断面的形状。我们建造隧道时采用施工的方法不同，地铁隧道的断面就不一样。在上海地铁中，我们常见的断面隧道主要有圆形和方形。采用盾构法施工的隧道，断面是圆形的，大家坐上海的地铁穿越黄浦江的时候可以观察一下，隧道断面都是圆形的。但如果是采用明挖法施工的隧道，其断面就是方的，因为将隧道断面造成方形，施工更简单也更安全。

圆形隧道现场照片

单洞双线隧道现场照片

矿山法暗挖隧道的施工现场

我国幅员辽阔，地形地貌多种多样，各地土层也有很大的不同。在很多北方城市，技术人员们就采用一种叫作“矿山法”的施工方法，断面通常就是马蹄形的，非常特别。而且“矿山法”施工的隧道断面形状也会根据现场暗挖的工况随机调整，出现预料之外的形状。

4 地铁隧道是怎样穿过江河的

海洋公园里有幽蓝静谧的海底隧道，高速公路上也有横穿山体的车行隧道，而如今，地铁隧道穿越大江也已是司空见惯的事情。上海地铁 2 号线是第一条穿越黄浦江的轨道交通线路，自其诞生之后，4 号线、7 号线、8 号线、9 号线、11 号线、12 号线、13 号线等越来越多的地铁线路，都可以帮助我们实现一站跨越黄浦江。大家是否好奇，地铁隧道是怎样穿过滔滔不绝的江河的呢？我们乘坐地铁经过江底隧道时，为什么没有听见水流声呢？

事实上，我们没法听见黄浦江的水流声，因为地铁隧道并不是从

地铁江底隧道示意图

黄浦江的水中通过，而是从江底下厚厚的泥土中通过的。考虑到结构的安全性，隧道结构顶部还会远离江底，保证一定的安全距离，也就是说，地铁隧道会从比江底更深的土层中钻过。

在江河湖海底下开凿一条隧道，确实是一项复杂而又艰巨的工程，工程师们绞尽脑汁解决一系列的复杂问题，所以需要采用现代化的施工技术和先进设备。目前上海市主要采用“盾构法”来进行隧道的施工。在水下修建隧道，最容易发生的问题就是裂缝和漏水，所以技术人员们在盾构管片接缝处采用了很多防水措施。

值得自豪的是，随着“一带一路”倡议的展开，国外的隧道工程建设过程中也时常出现标志着“中国制造”的盾构机的身影，说明我国的工程技术水平已经迅速发展，综合实力也进一步增强，国际地位也在日益提高。

5 过江的地铁隧道会有江水涌入吗

2000年12月26日，上海地铁2号线诞生，成为第一条穿越黄浦江的轨道交通线路。自此，继轮渡、隧道、桥梁之后，市民过江又多了新选择。紧接着，4号线、7号线、8号线、9号线、11号线、12号线、13号线都可以帮助我们实现一站跨越黄浦江。可是2021年“7·20郑州特大暴雨”事件的发生，让我们不得不担心，地铁修建于江河之下，万一江底隧道发生事故，大量江水会不会涌入隧道，造成危险呢？

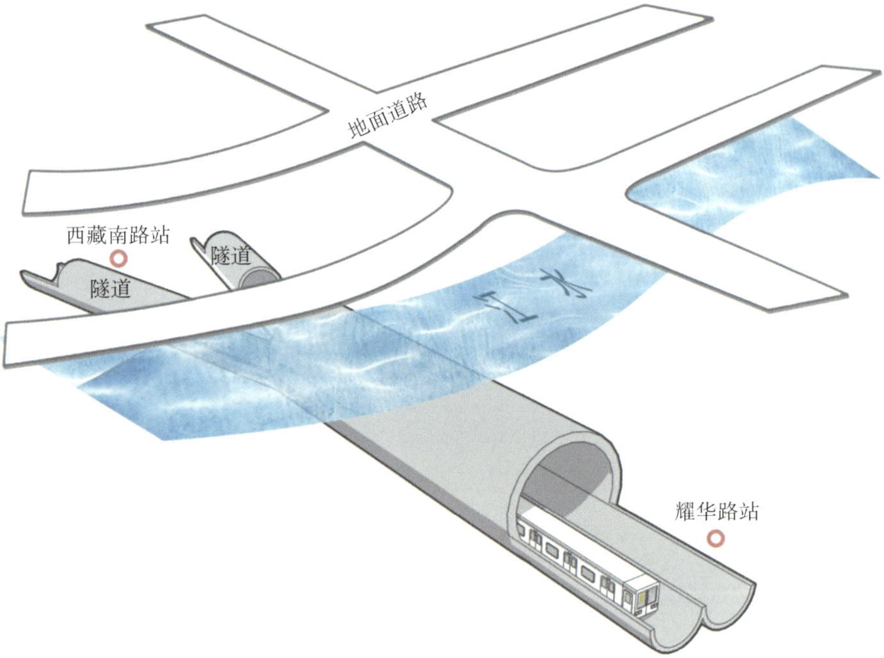

地铁水下隧道示意图

我们已经了解到，跨江隧道是建造在江底的土层中，在设计时设计师们早就想到了渗水的问题。他们采用了不同等级的防水措施，并根据每个地区的百年水位严格设计出地面的各个出口，正常情况下，洪水是不能进入车站和隧道的。即使发生特殊状况，大家也不用害怕。为了防止洪水进入隧道和车站而造成更大范围的人身伤亡和财产损失，设计师们在江底隧道的两端，设置了一道屏障——“防淹门”。

所谓“防淹门”，可不是简单的一扇门，而是一个复杂的系统。“防淹门”系统是一种防灾设备，由机械系统与监控系统共同组成，并采用自动化控制。它能够在区间隧道突发事故时，及时通知车辆停运，阻止水流进入地铁车站，保证地铁站内的人员和设备安全。在正常情况下，“防淹门”是处于完全打开的锁定状态，以保证江底地铁的安全行驶；发生事故时，就将其关闭。

其实洪水涌入席卷地铁的惊险夺命场景，还是比较罕见的。在现实生活中，地铁在先进技术的支持与运营人员的守护下，通常都是非常安全的。

6 下雨天马路上的积水会灌进地铁车站吗

如果上班路上恰逢乌云密布、大雨倾盆，泡在雨水中的道路拥堵状况加剧，人们的出行时间延长，若是碰到道路积水的情况，还会影响出行安全。这个时候，似乎乘坐地铁是最佳选择。据统计，雨季地铁站早高峰的客流量比平时高出一成多，很多平时驾车出行的市民，都会选择搭乘地铁去上班。那大雨天中道路的积水会不会灌入地铁车站呢？

如果遇到突如其来的大暴雨天气，地铁进水的情况还是有可能发生的，但是工程人员在设计时也进行了各方面的考虑。在设计之初，

雨中的地铁站

一般会要求专业单位出具工程区域的水位分析报告，在报告里可以准确地读取到车站所在位置的百年洪水位标高及百年内涝水位标高，后面所有的设计都会基于这两个非常关键的数据展开。

以上海地铁站为例，地铁的出入口平台是第一道防线，工程人员设计的平台高度一定不会低于百年内涝水位标高，而且也会在百年洪水位标高的基础上再提高一定的经验距离。第二道防线就是在地铁出入口平台处设置防淹闸槽，并在出入口通道上准备挡板，以备不时之需。如果雨水不慎进入地下，还有第三道防线来应对。给排水工程师经过严密的计算，在地铁内部设置了很多排水沟和集水坑，排水沟可以把渗入地铁的雨水汇集起来输送到集水井内，然后通过水泵排到城市的排水管网中。

这里还有一个小秘密告诉大家，上海地铁所有的地下管网都已经和市政管网连接，形成了一个严密的排水系统。所以大家不用担心，只要不是短时间突增特大暴雨，即使出现雨水倒灌的现象，在排水系统的帮助下，也不会对车辆运行造成很大的影响。

7 地震会影响地铁的隧道吗

“5·12”汶川大地震已经过去十余年了，回想当时新闻报道中的情景依然让人心有余悸。地震的发生，不仅破坏地面上的房屋建筑，给人们的生命财产带来巨大损失，还会引发其他自然灾害。这不得不让我们担忧：地震会影响建在地下的地铁隧道吗？

值得庆幸的是，埋于地下土壤中的地铁受损害程度要小于地面建筑。我们地铁设计时，结构工程师会根据该区域的抗震设防要求，采取众多抗震措施。什么是抗震，结构设计师又是怎么做的呢？所谓抗震，就是抵抗地震作用。工程师根据《我国主要城镇抗震设防烈度、设计基

振动台实验室

本地震加速度①和设计地震分组》，可以计算出工程所在地区的抗震等级和参数。例如，上海市抗震设防烈度为 7 度，地震时地面运动的加速度为 0.1g（g=9.8 m/s^2）。然后，地铁设计师根据建筑物的形状、层数等具体特征，以及地震局模拟地震波出具的“地震安全性评估报告”，开始概念设计、建立模型，对结构内力②、变形及构造措施进行深度计算和设计。

总的来说，随着我国经济的飞速发展、科学技术的不断进步，城市轨道交通的安全保障系统也会随之升级，加上广大民众自我保护意识的提高，相信日后地震对我们造成的危害将会逐渐减小，城市轨道交通的安全性也将越来越有保障。

① 加速度：速度变化量与发生这一变化所用时间的比值，是描述物体速度变化快慢的物理量。这里的加速度指的是地震时建筑物受到的加速度。

② 结构内力：构件受外力的作用下在构件截面上产生的拉力或压力。这里的内力指的是地震时，建筑物由于地震作用而产生的结构内力。

8 地铁也怕打雷吗

雷雨天气是直接危及飞行安全的天气之一，飞机如果在雷电中起降或者飞行，空中积累的雷电轻则会造成机身和设备的损坏，重则会造成飞机解体，引发重大安全事故。但地铁则不同，它们奔驰在数十米深的封闭地下，看起来不会受到外界天气影响，难道也会怕打雷么？

实际上，地铁虽然位于地下，也免不了遭受雷电天气的威胁。因为地铁系统的许多组成部分是建于地面上的，与普通建筑物一样易受雷电影响，而且这些建构筑物往往位于比较空旷的地段，更容易遭受雷击，因此需要格外注意运用有效措施进行防护。所以即使身处地下的车站，因为地上地下之间的许多联系，一旦遭遇雷电灾害，也很容易传到地下。

而且，地铁系统很多重要的电子设备也在地面上。比如，堪称地铁“大脑”的信号系统，肩负着地铁运行控制、运行状态监控的重要任务；通信系统负责传输各种信息；环境控制系统、屏蔽门控制系统、自动售票系统及旅客信息系统等是维系地铁顺利安全运行的关键所在。

奔驰在旷野中的上海 16 号线地铁车辆

它们彼此连接，万一遭受雷击，后果不堪设想。

但是我们不用过分担心，设计师早就考虑了这方面的问题，采取了各种防雷接地保护措施。这些措施是根据该地区的雷电防护等级，经过慎重选择后采用的，可以对地铁起到很好的保护作用。

9 “地铁”和“轻轨”有区别吗

百年前，“火车一响，黄金万两”，“京汉铁路”的诞生标志着我国第一条真正意义上的铁路修建成功，奠定了我国轨道交通的发展基础。随着时代的发展与技术的进步，涌现出诸如“地铁”“轻轨”“高铁”等新型交通工具。

如今，我们的城市生活越来越离不开“地铁”和“轻轨”，但是很多人还是分不清楚什么是“地铁”、什么是“轻轨”，大家知道这两者的区别吗？

地铁，字面意思是指“地下铁路”，在我国专业标准《地铁设计规范》中是这样定义的：“地铁是在城市中修建的快速、大运量、用电力牵引的轨道交通。列车在全封闭的线路上运行，位于中心城区的线路基本设在地下隧道内，中心城区以外的线路一般设在高架桥或地面上。”所以“地铁”并不是如字面意思所说只在地下，“地铁”可以在地下，可以在地面，当然也可以在高架桥上。而轻轨，最初指“轻型轨道交通系统”，与地铁既有联系，又有区别。

这下大家是不是更加迷糊了呢？

其实“地铁”和“轻轨”首先都是“城市轨道交通”大家庭的一员。“城市轨道交通”家庭成员庞杂，我们可以根据很多种不同的要素把它们分门别类，例如运输能力、空间范围、路权形式、设计最高速度、系统制式[①]等。在按照系统制式分类的时候，“地铁”和“轻轨”的区分就出现了。“地铁”的运输能力更大，可以达到或超过 30 000 人次 /h；而“轻

① 城市轨道交通按照系统制式划分可以分为地铁系统、市域快轨系统、轻轨系统、中低速磁浮交通系统、跨座式单轨系统、自导向轨道系统、有轨电车系统、导轨式胶轮系统、电子导向胶轮系统和悬挂式单轨系统十类。

② 轴重是指每根车轴允许承受的最大重量。

高架上的地铁站光明路站

上海地铁 7 号线中庭车站花木路站

轨”的运输能力就相对小一点，一般在 10 000～30 000 人次 /h 之间。因为运输的客流数量不同，我们就会选择不同的车辆及运营方案来实现不同功能。例如，“地铁”系统会选择更大、更长、“轴重”更大的车，轴重一般达 16 t 以上，列车最大长度可以达 185 m；而“轻轨”系统会选择相对小一点、短一点、“轴重”更小一点的车，轴重一般在 14 t 或以下，列车最大长度在 75～100 m 之间。因此，地铁和轻轨最主要的区别就是运量上不同。

这些相关的专业细节有点复杂，简而言之，无论“地铁”“轻轨”“单轨”，我们都可以统称为“轨道交通”。

10 地铁为什么有的在地下，有的在地上

大家知道，“地铁”的英文单词有一个是“underground”。将这个单词拆开来看，“under”是指在下面，“ground”是指地面，它们俩加起来就可以表示地面下的地铁，是不是十分形象好记？但随着地铁的发展，地铁逐渐走出地下，开向了地上。如今我们经常看到地铁“上天入地”，不但有地下车站、地面车站，还有高架车站，这是为什么呢？

其实最初修建地下铁路的目的，是为了节约城市用地面积，能够更高效地利用城市空间。在城市中心区，通常建筑密集、道路狭窄、交通拥挤，为了减少建设中的困难和噪声、振动等不利影响，地铁宜

地下车站：上海地铁 11 号线徐家汇站

地面车站：上海地铁 11 号线上海赛车场站

高架车站：上海地铁 10 号线二期双江路站

设在地下。有的城市地段并非寸土寸金，地面建筑稀少、路面宽阔，或者在该地段的其他条件允许的情况下，我们就会把地铁修到地面上来。地铁修到地面上来另一个原因就是节约成本，地下线路的建造成本大约每千米 10 亿元，高架地铁的建造成本大约为地下段的 1/6。许多城市的土地资源非常紧张，把地铁修到地下是一种节约土地资源的方式，但这些城市的郊区或是土地资源相对宽裕的其他城市，把地铁修建到地面上来则是更节约成本的方式。

除了节约成本外，一座城市地铁线路的设计还取决于当地的城市规划和地理环境条件的限制，需要因地制宜地选择地上或地下建设。比如，有些地区会存在部分线路某一段的地下条件并不适合修建地铁的情况，像该地段的地质特殊等原因，碰到这样的情况，设计师就会考虑把这一路段的地铁修建到地面上来。

所以，地铁并不都是“地下铁路”，但无论它是修建在地上还是地下，归根究底，都是为了方便大家的出行。

11 地铁可以从房子里面穿过吗

印象中的地铁，要么是在地下隧道中穿梭，要么是在空中架桥上行驶，那大家有没有见过地铁从房子中穿过呢？

自从重庆著名的网红景点车站——李子坝站刷爆互联网后，吸引了来自天南地北的游客，大家都兴致勃勃地前往观瞻轨道交通穿楼的奇观。李子坝站作为国内第一座与商住楼共建共存的单轨高架车站，也因此被更多的人所熟知。

其实，上海地铁徐家汇站早就实现地铁穿越房屋了，地铁经过徐家汇站时，是从港汇广场地下室穿过的，只不过穿过的路段处在地下，人们很难观察到而已。说起徐家汇站，其建造成果简直令人大开眼界。

重庆穿楼轨道交通李子坝站

上海地铁 9 号线徐家汇站步道

由于徐家汇商业区成熟繁华，为了将三线换乘的车站嵌入其中，专家们可是大费脑筋。9 号线的车站利用了徐家汇港汇广场现有的地下室，从车站长度、高度、宽度到立柱的布置，都进行了一番改建，均满足了地铁站厅、站台的设计要求。鉴于港汇广场地下室层高较低，设计师们还打通了地下室楼板，形成贯通两层的共享空间，使得换乘大厅能够轻松实现三线换乘。

除此之外，徐家汇的部分商业建筑空间也为地铁车站所用，同时地铁车站空间也可以为周边建筑所用，可谓互帮互助、相辅相成。设计师创新性地通过在车站内设置车库夹层，将相对独立的港汇广场地下停车库进行整合连通，实现了停车空间的共享。

12 地铁车辆晚上回哪里“睡觉”且如何“体检”呢

想必大家应该都有过这样的经历，结束了一整天忙碌的学习与工作，与朋友们相约餐厅聚餐，每逢聚会散场时，大家都会挥手道别，然后各回各家。那我们的地铁在送完最后一波乘客、结束了一天的工作后，晚上回哪里“睡觉”呢?

每天地铁线上都有很多辆列车在工作，一天的运行结束后，这些列车就会回到一个叫作“车辆基地”的地方集体休整，准备第二天整装待发。“车辆基地”顾名思义就是地铁车辆的大本营，列车在这里停放，并完成日常的清洁、保养和检修。这里也是为地铁工作人员提供工作、培训学习及食宿等相关生活设施的地方。

除了“车辆基地”，地铁车辆为了维持自身的健康，还会每年去“医院”完成一次“体检”。车辆每天肩负着运输众多乘客的重要使命，维持列车的“身体健康”至关重要。地铁车辆检修有一系列严谨的流程和计划。每隔一日，地铁车辆需要进行一次“列检”，主要是检查系统工程，保证车辆运行安全；每隔两周或行驶距离达 4 000 km，地铁车辆还要进行一次“双周检”，工作人员对易损件进行检查及更换，保证车辆处于最佳状态；地铁车辆每隔两月或者行驶距离达 100 000 km，工作人员就要对主要部位状态进行检查测试，更换使用周期短的零件。以此类推，每年“定修”，每五年“架修”，每十年“大修”，都有非常复杂且全面的检查、维护及修理的程序，确保列车每一刻都能“精神焕发”“神采奕奕”。

现在大家知道了吧，地铁也跟我们一样，也是有自己的“家”，有可以回去“睡觉”的地方，甚至还有定期“体检”的场所。

蓄势待发的地铁车站

检修库内的上海 7 号线地铁车辆

13 地铁上的座位排布为什么跟高铁不一样呢

大家在跨省、市等较大区域出行时，搭乘高速铁路应该是首选。高速铁路简称高铁，高铁上的座位都是横向排布的，既有靠窗的座位，也有靠近过道的座位。而同为轨道交通成员的地铁，其座位排布却大相径庭。大部分地铁上的座位都是靠窗纵向排布，大家思考过地铁这样排布座位的原因吗？

实际上，地铁座位这样设计的最主要的原因，就是靠窗排布座椅能节省空间，极大地增加载客量。因为横排座椅会挤占很多空间，而

地铁车厢内部座位靠窗纵向排布

（图片来源：https://pixabay.com/photos/metro-train-interior-subway-1953661/）

地铁车厢内部座位横向排布
（图片来源 https://pixabay.com/photos/subway-tram-traffic-train-3674646/）

为了使车内的可用空间最大化，拥挤的线路上行驶的地铁列车里一般都是全靠窗的座椅，这样就能使车厢中间的过道足够宽，便于地铁搭载更多的乘客。

值得一提的是，上海地铁的 16 号线的线路设计与众不同。16 号线是目前上海轨道交通中唯一条远郊线路，该线路上站间距较大，特别是惠南东站至书院站，两站之间距离竟然超过了 10 km！

因此，为了丰富乘客的乘车体验，满足乘客观赏沿途风景的需求，设计师们在座位排布上进行了创新。与高铁动车一样，16 号线上的地铁座位都是横向排布，使得乘客们在搭乘这条远郊地铁线时，能够方便地观赏到窗外的风光，同时横向排布的座位也较为符合人们的乘车习惯，让乘客有舒适的乘车体验。

14 地铁有没有车轮

众所周知，轮子是一辆车不可或缺的部件，它们能承受车身的重量，带动车辆的前进，保证行驶的安全，发挥着非常重要的作用。大家都见过自行车、摩托车、三轮车、汽车的轮子，那每天载我们出行的地铁列车有没有轮子呢？不妨猜一猜，如果地铁也有轮子，会需要多少个轮子呢？

我们先要了解一个新名词“轮对”。所谓“轮对”就是一个车轴连着两个相同的轮子构成的部件，简单来说，一对轮子就叫作“轮对”。“轮对”分为“动车型”和“拖车型”，这二者的区别在于其本身是否拥有动力源。

上海地铁 2 号线川沙停车场内停车列检库内的车辆

钢轨上地铁车辆的轮子

（图片来源：https://pixabay.com/photos/train-rail-transport-transportation-839365/）

以一列 6 节车厢的地铁列车举例，每个车厢有 4 对轮子，就是 8 个车轮，那么一整列车就有 48 个轮子。而列车头尾两节车厢，配备的是无动力源的拖车轮对。所以具体说，列车的车轮组织是由 8 条拖车轮对和 16 条动车轮对共同组成的，它们齐心协力，让地铁车辆能顺畅地驰骋在轨道上，同时保证车厢的平稳，让乘客不会感到颠簸。

现在大家应该知道了，地铁列车跟其他我们熟悉的交通工具一样，也是有车轮的，只是数量上各不相同而已。根据上面提到的设计原则，相信大家以后看到不同编组的列车，也能够知道该列车车轮的大概数量。现在请大家算算，4 节编组和 8 节编组车辆的轮子数量各是多少呢？

15 为什么地铁车辆要在轨道上行驶

大家都知道，汽车是一种非常灵活便捷的交通工具，既可以驰骋于平坦的道路，也可以盘旋于多弯道的山路，甚至可以穿越丛林或在沙漠越野。但是，地铁就没有汽车那么灵活了，地铁的顺利行驶离不开铁轨的铺设，脱离了铁轨的地铁可以说是“寸步难行”，这就大大限制了地铁的行驶自由。那大家有没有想过，为什么地铁一定要在铁轨上行驶呢？

其实，地铁在光滑的轨道上行驶主要是为了更省力。地铁列车行驶在钢铁做的轨道上，钢轨和车轮的摩擦系数很小，车辆轮子滚动时受到的阻力大大降低。轨道一般被设计成“工”字形，从力学的角度看，“工”字形的铁轨强度高，材料利用率高，既能承受巨大的车体重

上海地铁高架区间复杂的铁轨

上海地铁地下区间复杂的铁轨

地铁区间上的铁轨

（图片来源：https://pixabay.com/photos/railway-railroad-track-sleeper-4119963/）

量所施加的压力，又能保持铁轨自身稳定。

除此之外，地铁列车自身质量比汽车重很多，而地铁的载重量可以高达几百吨，如果地铁像汽车那样行驶，巨大的重量直接施加在平地上，一般的路面都很难承受这样的压力，很可能引起路面坍塌。所以铁轨在设计的时候就考虑了地铁压力的因素。大家知道吗，铁轨下面的路基也大有文章，是通过专业、严密的计算设计所成，为轨道及行车运营提供必要条件。

所以，并不是铁轨限制了地铁的行驶自由哦，铁轨不仅可以帮助地铁高速顺畅地行驶，而且可以帮助地铁乘载比普通汽车更多的乘客，有效缓解城市的拥堵，也使乘客避免因堵车而迟到或行程受阻。由此看来，铁轨的作用还是不容小觑的，它与地铁相辅相成，二者缺一不可，在人们的日常出行中扮演着非常重要的角色！

16 地铁用电还是用汽油呢

现在小汽车已经进入寻常百姓家。小汽车一刻也离不开汽油。可大家有没有发现，一列地铁车辆每天天不亮就上路到深夜下班，一天的行驶路程达六百多千米，我们似乎从未遇见地铁加油的情况。地铁到底是用电还是用汽油的呢？

其实，世界上第一条地铁建成时，地铁列车使用的是蒸汽机牵引，随着电气时代的来临，电力也成为地铁最主要的动力来源。地铁改为电动车组时所需要的电是靠两根与走行轨平行铺设的供电轨供应的。而现在的地铁主要由上部接触网向列车供应牵引动力电，也有用所谓

上海地铁 8 号线区间的接触网

地铁高架区间上供电的接触网

（图片来源：https://pixabay.com/photos/seoul-korea-city-trip-traffic-3586900/）

地铁地下区间上的电缆

（图片来源：https://pixabay.com/photos/subway-train-berlin-tunnel-1699658/）

“第三轨”供电的。

那你们知道地铁用的电到底是怎么来的吗？根据城市电网近远期规划，发电厂一般都建在城市的边缘区域。根据发电方式的不同，分为火力发电、核能发电、水力发电等，我们常见的多为火力发电站。例如，上海的石洞口发电厂、吴泾发电厂、闵行发电厂、闸北发电厂等均为火力发电站。发电厂将热能通过复杂的工艺转变为电能后，通过高压铁塔将高压电一站站地往城市中心运输。根据城市规划，会设置各个级别的区域变电站。就地铁系统而言，在轨道交通前期设计时，工程师们就设置了轨道交通专用的主变电所。主变电所内的电压是 110 kV 的，这个时候在轨道交通车站及区间内使用还需要设置车站内的变电所。车站内的变电所分为降压变电所及牵引变电所两种：降压变电所的主要工作是将高压电降低至可以供地铁末端使用的低压电；牵引变电所的主要工作是为地铁车辆提供动力，就是刚刚前面提到的通过接触网或者第三轨提供的牵引动力电。

所以，大家在乘坐地铁出行的时候，地铁车辆不会因为像汽车一样，需要去加油站加油，而是可以通过电流的帮助驱动前行，极大地提高了我们的通勤效率。

17 地铁能开窗通风吗

不知道大家有没有看过喜剧电影《人在囧途》，影片中有这样有趣的一幕：王宝强饰演的“资深”挤奶工牛耿在飞机上很天真地喊道：“服务员！服务员！把窗户打开透透气。”很多观众看到这里都感觉十分可笑。你先别笑，当乘坐飞机的时候，确实会有乘客想打开窗户透透气，但没想到飞机的窗户是密闭的，因为飞机在海拔几千米以上的高空飞行，此时窗外的气压很低，氧气很少，开窗非常危险。很多朋友就有疑问，那地铁是穿行在地下的，车厢里的玻璃窗能够打开透透气吗？

很多细心的朋友已经发现了，现在我们搭乘的地铁车辆的窗子是没法开启的。那这是为什么呢？也是因为地铁开得太快了么？我们目前的大部分地铁线路的最高运行速度①为 80 km/h，正常运营情况下的速度②才 35 km/h，与高速公路上飞驰而过的小汽车比起来还是远远不如的，所以地铁车辆窗子没法开启并不是这个原因。

其实在我们国家轨道交通刚刚起步时建设的几条线路，地铁车辆的窗子是可以开启的。例如，上海地铁 1 号线的车厢窗户上部就有一个细长条的可开启区域用于通风。但是在长期使用的过程中，大家发现，由于地铁线路大部分区段位于地下，地下隧道常年阴冷潮湿，空气质量不好，开启的窗户很大程度影响了车辆内部环境的舒适性。随着我们空调技术的进步，车辆内环境的改善越来越依赖空调设备，所以渐渐地，新线路的车辆的窗户就不设置开启功能了。

虽然地铁车厢里的窗子没法开启通风，但是大家完全不用担心坐在车内会有空气不新鲜或者憋闷的情况。因为工程师设计时就充分考

---

① 最高运行速度：列车在正常运营状态下所达到的最高速度。

② 旅行速度：正常运营情况下，列车从起点站发车至终点站停车的平均速度。

刚驶出车站的地铁车辆

地铁车厢上封闭的窗子

（图片来源：https://pixabay.com/photos/travel-people-girl-blue-ocean-2794728/）

虑了这个问题，车厢内设置的空调系统不仅有充足的通风量，还能在夏季提供冷气，冬季提供暖气。值得一提是，最近通车运营的上海地铁 18 号线，其车厢内的通风量大小还能被技术人员们远程控制呢！

18 为什么地铁要有窗

我们在地铁上经常会看到带娃的妈妈们，为了让孩子不吵闹或影响他人，就让他们趴在大大的车窗前，数着区间隧道内的广告牌分散他们的注意力。各式各样的广告牌，像电影的蒙太奇，一张一张从孩子们的眼前闪过，充满乐趣。但也有很多朋友对此表示不解，地铁大部分时间都在封闭的地下隧道中运行，窗外的景象千篇一律，车厢还设计那么大个玻璃窗户有什么用呢？难道只是为了让小孩子观看广告牌吗？

地铁车厢内部的车窗

（图片来源：https://pixabay.com/photos/subway-seat-commuting-window-1928295/）

其实，地铁设置这些窗户是经过设计师们仔细考虑的，能发挥很大作用。地铁不单有地下站，也有高架站，高架站上的乘客就可以通过这个窗户看看外面的风景。如果没有这些窗户，当地铁车门关闭之后，我们就像被关在一个封闭的铁箱子里，这种单调而压抑的感觉会让乘客感觉不适。

除了上面所说的原因外，地铁车厢上的窗户还有更大的用处。不知道大家在乘坐地铁的时候有没有注意过，地铁的每节车厢都配有安全锤，在列车遭遇紧急情况时，乘客可以将其取出，砸碎车厢窗户的玻璃用于逃生。人命关天，紧急情况下，地铁车厢上的大玻璃窗，是可以救人于水火的关口，是非常重要的一项安全设施呢。

需要提醒大家的是，地铁车厢内的安全锤是在紧急时刻使用的，切不可私自取用哦！

19 为什么在飞速行驶的地铁上还能看清窗外的广告

地铁车辆在幽深昏暗的隧道中行进，当我们感到疲惫无聊时，窗外广告牌上突然出现的图像，是不是会缓解一些乏味之感？我们平时乘坐汽车的时候，窗外的风景都是一闪而过的，但地铁的行驶速度如此之快，却毫不影响我们看清楚广告牌上的内容，大家想过这是什么原因呢？

这里先给大家介绍一种神奇的装置——费纳奇镜，它发明于 19 世纪，是早期无声电影的雏形。费纳奇镜的模型由一块挡板和一片转盘组成，挡板上有下风，快速转动转盘，我们就能从挡板中的狭缝看到后面会动的图像了。

为什么转动转盘就能看到连续的画面呢？这是运用了“视觉暂留”的原理。人的眼睛对于光线的接受有一定的暂留时间。当我们看到一个图形时，眼睛就能接收到来自图像的光线，当图像消失时，它的形

区间上的广告牌

（原图来源：https://pixabay.com/photos/berlin-monastery-road-metro-station-2153481/）

象还能短暂地停留在我们眼中。

我们在地铁隧道里看到的广告牌，并不是只由一个单独的牌子组成的。隧道内地铁外的广告区是一条很长的灯带，分成不同的区域，每个区域都是一个图案，所有图案连起来就是一个完整的广告。而且这种方式与在隧道内安装投影设备相比，既省时省力，也省钱，更受到广告商和地铁站的青睐。

因此，我们在隧道里看到的视频广告，其实分开来看，都只是单个静止的图形。好了，现在答案已经揭晓，大家都明白了吧？

20 地铁站内我们怎么不觉得憋闷呢

我们从出入口进入地铁后，发现地铁隧道和车站几乎是全封闭的空间，但是我们在站台候车时，一点都不觉得憋闷，有时候甚至有一股清凉的风迎面吹来，这是怎么回事呢？

其实设计师们早在建造地铁之前就已经预先计划好了，每个车站都会留一些与外界空气接通的通气孔，叫做“风井”。我们需要的新鲜空气通过“风井”进入车站，而我们不需要的脏空气通过“排风井”排出室外。空气的循环通过地铁设备用房里的“风机”提供动力吸入

封闭的地铁隧道

地铁车站内通风的风阀

地铁车站的低风井

或者排出，通过“消声器”降低气流噪声，让我们所处的公共区域环境保证空气质量的同时也保持安静。还有风管上设置的“风阀”可以调节风量的大小，这样我们不会在冬天候车时觉得太冷，也不会在夏天觉得太热。

这里告诉大家一个小秘密，并不是所有线路的地铁隧道通风与空调系统都是一样的，暖通设计师设计时会有两种模式：一种叫做“开式运行”，一种叫做“闭式运行”。“开式运行”系统的隧道内部的空气通过风机、风道、风亭等设施与外界空气进行空气交换。“闭式运行”的隧道内部基本上与外界大气隔断，仅供给乘客所需的新鲜空气量。例如，上海地铁 2 号线是“开式运行”系统，其他线路都是“闭式运行”系统。下次坐地铁的时候可以感受一下差别哦。

有一些人群担心地铁站内空气质量不理想，其实这一点大家完全可以放心，因为地铁车站的风量，都是由专业设计师，根据额定流通量的要求进行精确计算过，空气质量是很有保证的。未来，地铁站内对于空气流通的管理将会更为严格，也会进一步保证空气质量，因此处在站内的我们，是不会觉得憋闷的。

21 有些地铁站里为什么有风

电影中有时会出现这样的场景：人头攒动的拥挤车站，站台边的女孩静静地候车，列车伴随着一股清风急速驶来，吹起女孩额前的细发，画面唯美动人。其实在上海地铁 2 号线车站里，也会出现类似的场景，地铁驶过，随之而来的是阵阵凉风。不过之前我们提到过，地铁站里是完全封闭的，为什么会有风呢？这里的风是从哪里来的呢？

在空旷的地面上运行时，列车如同离弦之箭一般，在无形的空气中高速穿过，把空气挤开。但在隧道中运行时，由于隧道壁的限制，列车所推挤的空气不能全部绕流到列车后方，有部分空气会被列车向前推动，导致列车前方形成高气压，而列车后方形成低气压。这种现象类似气缸内活塞压缩气体（想一想打气筒的原理），这称之为“活塞效应”，这里可以把列车比作其中的塞子。运动的列车会把车前的空气往前推，经由前方的隧道开口推出隧道，并把外部的空气从位于车后的开口带进隧道，这样在隧道内形成的风就是“活塞风”。这就是为什么我们在封闭的站台内也能吹到风了。

在上海地铁 2 号线的车站内，可以看到站台上的屏蔽门是半高的，站台和隧道是连通的，我们就能明显感受到来自隧道的活塞风。而在后来新建的地铁站里，设置了全高的站台屏蔽门，隧道里的风我们就感受不到了。此外，在一些车站间距比较长的隧道段还设置了中间风井，这样隧道内的活塞风会经由中间风井排出隧道，也可以利用活塞效应，通过中间风井把新鲜空气带入隧道。

22 地铁到站时为什么有时左边开门，有时右边开门

大家都知道，地铁车厢两侧都是有门的。经常在地铁早晚高峰挤车的人都知道，挤进来容易，挤出去难。在拥挤的地铁车厢内即将到站的时候，有个问题常令人头疼：“我下一站就要下车了，可是到底哪边开门下车呢？等我好不容易挤过人群，结果是另一侧开门，错过下车就麻烦了。”那这地铁到站时为什么有时左边开门，有时右边开门？

地铁车站站台基本上有两种形式：一种是站台在中间，两条轨道线路在站台的两边，叫作“岛式”车站，这种车站两条线路上的车辆共用一个站台，停靠在这个站台的两侧，这个时候车门是开在前进方向的左边的；另一种是两条线路在中间，站台在外侧，叫作“侧式”车站，这种车站每条线路各用一个站台，车门开在前进方向的右边。

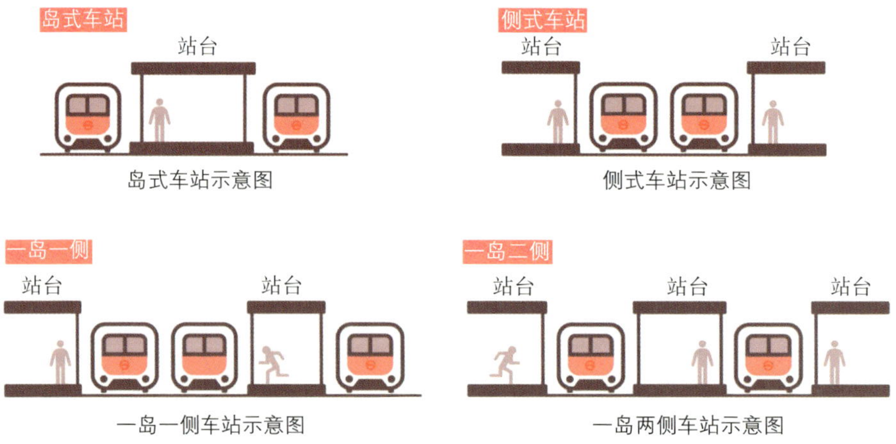

地铁车站内开门方向信息屏

线路在区间隧道内完成分分合合的变化，这就造成了地铁车辆有时左边开门，有时右边开门。

如果在车上不知道下一站会在左边还是右边开车门的话，我们可以在每节车厢端部的显示屏幕中找到答案。

23 你见过开两侧门的地铁吗

列车在抵达大部分站点时只开一侧的门，我们可以通过车厢两边窗外景象的变化判断究竟哪一侧开门：有些车站左边窗外的光亮逐渐明晰，说明站台在左侧，到站后就开左侧门；右侧开门的情况亦是如此，并且乘客进出车厢都是在同一侧的，跟传统公交车上下车的方式一样。那么，地铁车厢左右两侧同时开门的情况，你遇见过吗？

上海地铁 8 号线的人民广场站和 10 号线虹桥 2 号航站楼站就是这种情况。以人民广场站为例，人民广场作为上海市的地标之一，即使是平时，大量的上班族都需要在此处换乘，更不用说碰上节假日，那

上海虹桥 2 号航站楼站车辆进入站台两侧开门

些旅游观光的游客慕名而来，因此作为交通枢纽的人民广场客流量特别大。尤其在工作日的用车高峰期，如果仅仅靠一侧开门，大量乘客上下车就会花费很长的时间，这样可能会导致下一辆列车到站时间延迟，车站上等车的人就会越来越多，拥挤程度大大增加。为了提高效率，增加列车班次，设计师们就设计了一种特殊的站台形式，可以使一辆列车到站时，两侧车门同时打开，缩短了乘客进出车厢时间，因此这种形式的站台大大提高了搭载乘客的效率，是一种行之有效的设计。

所以，地铁停靠站台时如果出现同时开启两侧门的情况，主要是为了服务于人流量普遍较大的站点，让站台两侧的乘客更快完成上下车动作，便于列车准时启动、提高运输效率的同时，为下一趟列车运行创造准点到达的条件。

24 为什么火车站没有站台门，地铁站有站台门

“人来人往的站台，依依惜别的人们，徐徐离开的列车，追随着列车离开的人群……”是影视作品中，火车站里经常出现的经典长镜头。但是地铁车站的站台层，由于站台门[①]的分隔，就没有这样的场景。不知道大家是否会对此表示好奇，为什么火车站站台没有站台门，而地铁站的站台就有站台门呢？

其实地铁车站并不是一开始就有站台门的，比如上海地铁早期建设的 1、2 号线一开始就没有安全门。后来随着国家经济的发展和科技的进步，新建的地铁线路都设置了站台门。站台门，就是设在站台边缘把站台区与轨行区隔离开来的站台隔离门。我们经常看到的地下站台的隔离门通常是全高的，我们也叫“屏蔽门”。而高架站的呢，常见的是半高的。地下站台如果没有“屏蔽门”，轨行区和站台候车区是相互连通的，隧道里的灰尘、热气、潮气等就会进入站台区，影响站内的环境质量。有了“屏蔽门”，还可以有效防止车站内的空调系统的冷气散失。后来，人们发现屏蔽门有助于保护站台候车乘客，减少人车冲突等意外情况的发生，所以在地面站和高架站都同样安装了隔离门。

地铁车站相对比较封闭，车辆进出站时风压变化大，站台门可以有效避免压强差将候车的人们带下站台，卷入隧道。而火车站台就不一样了，一来火车站台露天空间大，二来一般火车到站时会持续减速，最后平稳地在站点停靠，等候乘客上下车。不过无论是在地铁站台还是火车站台候车，大家都要站在安全线划定的候车区域中等候哦！

① 站台门：安装在车站站台边缘，将行车的轨行区与站台候车区隔开，设有与列车门相对应、可多级控制开启与关闭滑动门的连续屏障。

地下车站的站台门

高架车站上的站台门

（图片来源：https://pixabay.com/photos/metro-yunnan-train-subway-station-5098110/）

25 为什么同一地铁线路上既有半高也有全高的站台门

根据上海地铁进出站客流前 10 名的统计，单日进站前 10 名的站点里面，客流量都是十万以上。但非常有意思的是，这 10 个站点里面，竟然有 7 个都属于上海地铁 2 号线！与上海地铁 2 号线无关的十大客流站，只有 3 个。因此许多人对 2 号线的车站都非常熟悉。不知道大家平时有没有发现，2 号线车站的有些站台门是半高的，有些却是全高的，你们知道这是为什么吗？

上海地铁 2 号线作为上海市境内第二条运营的地铁线路，早于 2000 年就已经开通运营，它的地铁车站并不是一开始就有站台门的。随着我们国家科学技术水平的飞速提高，为了减少车站里的安全隐患，

地铁站内的全高站台门

地铁站内的半高站台门

后来新建的地铁线路才都设置了站台门。

但 2 号线的通风系统不太一样，叫作“开式系统”，地铁隧道内的空气需要通过车站内的风机、风道、风亭等设施与外界大气进行空气交换，所以前期运营的车站站台上没有办法直接安装封闭的全高站台门。而且全高站台门重量较大，2 号线的那些老站台的结构设计时没有考虑站台门的荷载，不顾后果就随意增设站台门会对站台板的永久结构造成很大的伤害，存在安全隐患，这也是很多老车站没有办法增设安全门的原因。

所以细心的朋友们发现了，2 号线人民广场站作为老站台，用的是一般在高架站使用的半高站台门，而新建设的 2 号线东延段上徐泾东至虹桥 T2 航站楼、张江高科至凌空路的新车站都装了全高站台门。

看到这里，大家应该都知道同一个地铁线路站台门安装存在差异的原因是什么了吧？这里给大家举的例子仅仅是上海地铁 2 号线，全国各地乃至全球各个国家或地区的情况也许各不相同，其中的原因还有待大家渐渐去了解和探索。

26 你见过像搭“乐高积木”一样地造地铁车站吗

“乐高积木”是很多人都了解并喜爱的休闲娱乐用品，它能够通过高自由度的拼接组合和精美独特的材质，让用户肆意发挥自己的思维和动手能力。你知道像“乐高积木”这样的拼装技术也可以运用在地铁车站中吗?

事实上，上海地铁的13号线全线建设大量运用“新技术、新工艺、新材料”，克服了诸多建设难点，将高科技、人文情感融入地铁中。

首先，值得一提的便是13号线地铁站的建设全面采用预制拼装技术。随着地铁高速发展，地铁施工标准也不断提高，这也是上海地铁首次大规模引入高铁预制板施工技术。通过类似于乐高积木的预制楼梯的标准化设计，全线700多块预制梯段板实现了工厂化生产现场拼装，相对于传统现浇工艺，工期可节省约40天，工程质量也明显提高。

除此之外，设计师们在还创新地提出基于移动互联的轨道交通项目一体化管理门户及工程应用的管理理念，实现了建筑信息模型（Building Information Modeling，BIM）技术的轻量化和系统集成平台，有利于运营、维保等单位的后期管理和维修。

由此看来，时代在发展，技术在变革。相信在未来地铁车站的建设中，还会涌现越来越多富有创造性的新技术、新发明。

27 地铁列车与站台之间为什么会有一道缝隙

经常在电视上看到这样的新闻，地铁到站，从车厢门走出来一位穿高跟鞋的时髦女士，不小心一个趔趄，差点摔倒。为什么地铁车门前总会时不时有一个差点摔倒的女士呢。细心的朋友们已经发现了，这往往是因为她们所穿的鞋有精致小巧的鞋跟，一不小心就会踩进地铁列车与站台之间那道缝隙里。

那列车与站台之间为什么会有这样一道缝隙呢？难道是设计上的失误么？

事实上，这条缝隙并不是设计人员的失误。由于列车行驶时车身会小幅度地左右摆动，因此站台与列车之间会留有一定的安全距离，确保列车通过时，不会刮伤车体。

为防止乘客上下车时踏空，设计师们也曾想过不少办法。他们通常会在站台的边缘加装橡皮条填补过宽的间隙，也会用鲜明的色带作为警示条来提醒广大乘客。特别是曲线线路上的车站，列车与站台之间的缝隙会比处在直线线路上的车站更大一些，上下车时乘客需要更

车厢与站台间的缝隙

（图片来源：https://pixabay.com/photos/railway-platform-mind-gap-1758208/）

车厢与站台间的缝隙

（图片来源：https://pixabay.com/photos/train-stop-subway-metro-train-5173496/）

加留心脚下的缝隙。

据地铁工作人员反映，这条缝隙不但会不小心绊住高跟鞋的鞋跟，有时还会掉进去各种小物件，例如耳机、钥匙、身份证等。如果随身物品不慎掉进地铁轨道中又该怎么办呢？切记万万不可擅自强行取出！因为擅自行动可能发生危险，造成不堪设想的后果。所以当个人的重要物品掉落时，首先需要记住掉落的具体位置，然后寻求站内工作人员的帮助，他们会用专业的工具，在安全的时间段帮助我们取出掉落的个人物品。

28 为什么两线换乘有时只需上下楼梯而有时需要经过通道

如果大家曾搭乘上海地铁游历浦东，那你一定会经过世纪大道站。世纪大道站是全国最大的四线换乘站，也是目前上海轨道交通系统最大的换乘枢纽站。有些读者可能会认为世纪大道站点上众多线路汇集，换乘起来肯定也很麻烦，实则不然，4 号线、2 号线、9 号线均可以通过上下楼梯到达 6 号线站台，换乘路线非常便捷。但是相比之下，有些站点换乘起来就没有那么便利了，比如人民广场站，需要经过很长的地下通道进行两线换乘。那为什么有些站点两线换乘时只要爬楼梯，而有的要走很长的通道呢？

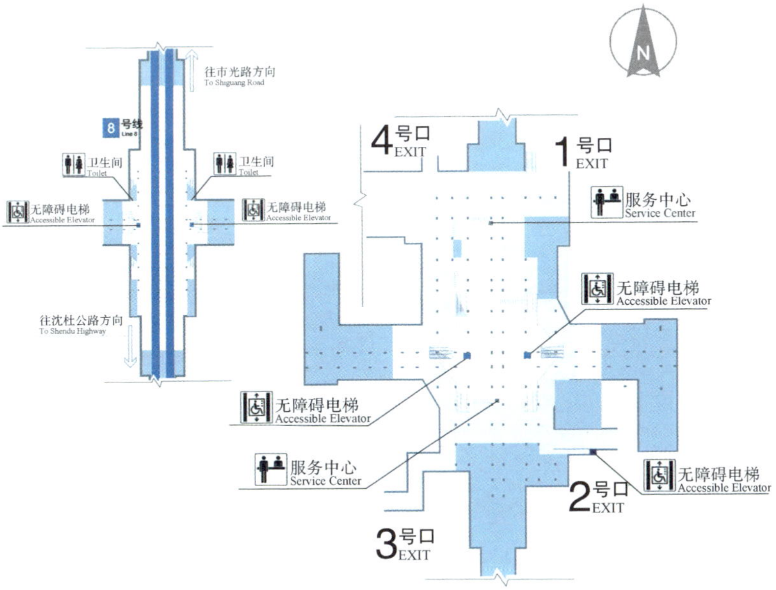

上海地铁耀华站十字换乘示意图

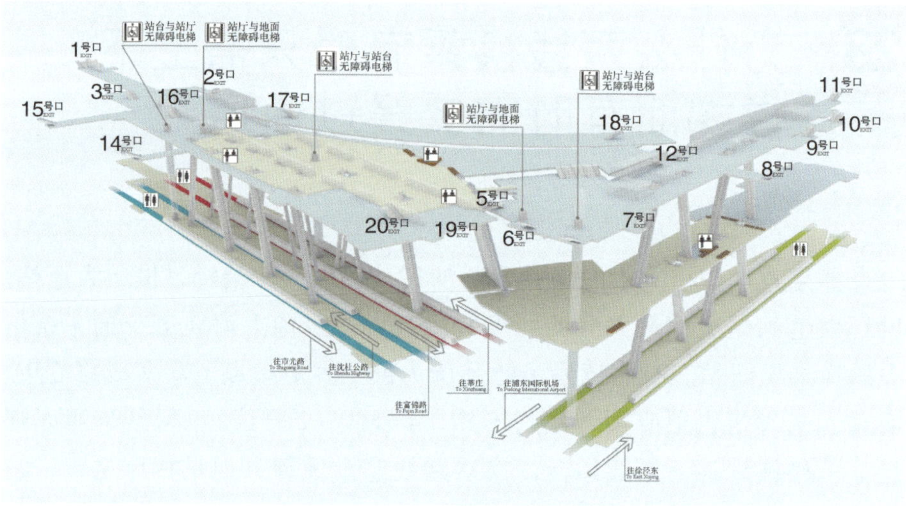

人民广场站三线换乘车站示意图

两线换乘车站效果图

地铁线之间的换乘有多种形式，我们经常遇见的情况是通过上下楼梯的方式进行两线换乘，这是非常方便的一种换乘形式。一般这种情况下，两条地铁线的站台在空间上呈“十”字相交或者“丁”字相交，而且这个换乘楼梯的位置应该在先行实施线路建设时就应该预先计划并设置好，不然完工以后再想增建这个楼梯就非常困难了。

如今我们的国家正处于飞速发展的过程中，各个城市铆足了劲加快基础设施的建设，因此地铁建设的线网也随之发生一定的变化。有些城市地铁换乘站的两条线由于建设时间原因或是所在场地空间没有创造很好的相交条件，就只能通过建设人行通道将两条线的站厅层联系起来。因此这也就是为什么有的时候我们换乘只需要上下楼梯就可以到达另一条线的站台，而有的时候需要走过一条长长的通道才能到达。

29 为什么有时候坐地铁不换乘也需要中途下车

大家有没有在上海地铁 5 号线上听到过这样的广播："前往闵行开发区站的乘客在东川路站下车，同站台换乘 4 节编组列车……"假设一名新乘客，初次遇到这样的情况，一定会百思不得其解。那为什么有的时候列车不能直接开往目的地，而是需要在中途换乘下一辆列车才能到达呢?

为了方便理解，这里给大家介绍一个新名词——"大小交路"。所谓"大小交路"，又称"长短交路"，指的是地铁或轻轨运行线路的长短区间，是一种城市轨道交通中的运行模式。大小交路就是大交路和小交路共同的线路。举个例子，上海轨道交通 1 号线，全程为"莘庄—上海火车站—富锦路"。从莘庄运行到上海火车站，再继续运行到富锦路，全程折返的是大交路。由莘庄站开到上海火车站而折返的就是小交路。

那讲到这里可能还会有朋友提出新的疑问："为什么要设置大小交路呢? 这样设置有什么作用吗?"

在整个城市轨道运营中，有的轨道线路段客流高，有的轨道线路段客流低。尤其是在像上海这样的大城市中，设置大小交路既可以节约资源，又利于乘客方便、快捷出行。当然，其他城市的地铁、轻轨运行中也存在大小交路运行模式。

30 为什么有的地铁出入口有自动扶梯而有的没有

很多小伙伴问，为什么有的地铁出入口有自动扶梯，而有的却没有呢？

自动扶梯服务于车站出入口及站厅站台间的上下客流的运送，确实给我们提供了很大的便利。在地铁车站内我们选用的自动扶梯是“公共运输型扶梯”，比我们日常看到的“普通商用扶梯”级别更高。车站内的自动扶梯的传送速度可以达到 0.65 m/s，1 m 净宽的自动扶梯最大的通过能力可达 8 190 人次 /h，所以为大客流的地铁车站做出了巨大的贡

地下车站出入口的自动扶梯

（图片来源：https://pixabay.com/photos/subway-grey-minimal-modern-city-4356023/）

献，大家想象一下，若是没有它，地铁站可能还要更加拥挤。

因为车站内自动扶梯在哪里，大客流就在哪里，为了大家的安全，设计师们对每一处细节都不放过呢！出站检票口与自动扶梯的距离不宜小于 8 m；进站检票口与自动扶梯的距离不宜小于 7 m；自动扶梯与前面影响其通行的障碍物不得小于 8 m；如果两台自动扶梯相对布置，那两者的间距不得小于 16 m 等。设计师对列车每一处细节的仔细斟酌，都是为大家的安全出行保驾护航。

在地铁车站发生紧急情况时，我们是可以乘自动扶梯逃生的，不像住宅的或商务楼里的厢式电梯，遇到紧急情况是不能使用的，这是不是一件很自豪的事情！虽然自动扶梯有那么多好处，但是造价不菲，所以在前期建设的地铁车站，一般每个车站至少有一个出入口设置上下行扶梯；若是提升高度不超过 10 m，可仅设上行自动扶梯，这就是为什么有的出入口有自动扶梯、有的没有的主要原因了。

搭乘自动扶梯出站的乘客

（图片来源：https://pixabay.com/photos/hungary-budapest-architecture-4507760/）

31 为什么两个地铁站的间距有长有短

在上海地铁中，有的车站之间只需要开 2 min，有的要开 5～6 min，还有的甚至要开 10 min。上海地铁曾公布过地铁相邻两站间最长的间距排名，其中 16 号线“独占鳌头”，该线上的惠南东站至书院站，间距超过了 10 km，距离虽长，但好在还有沿途风景相伴，搭乘地铁去过临港新城的朋友应该都有过这样的体验吧。大家知道为什么不同车站的车站间距有长有短，各不相同呢?

在上海设计地铁的轨道人都有一个理想：希望在市中心 500 m 范围内都可以找到站点。随着上海地铁网络化程度越来越高，这个理想在慢慢地变成现实。国家标准中规定车站间距在城市中心区和居民稠密地区以为宜为 1 km，在城市外围区宜为 2 km。但是其实车站间距大小的设计是受到多方因素相互作用、相互影响的。

地铁线路设计师在工程前期会收到上层规划部门提供的《选线专项规划》，在此基础上，以规划线网的换乘节点、城市交通枢纽点为基

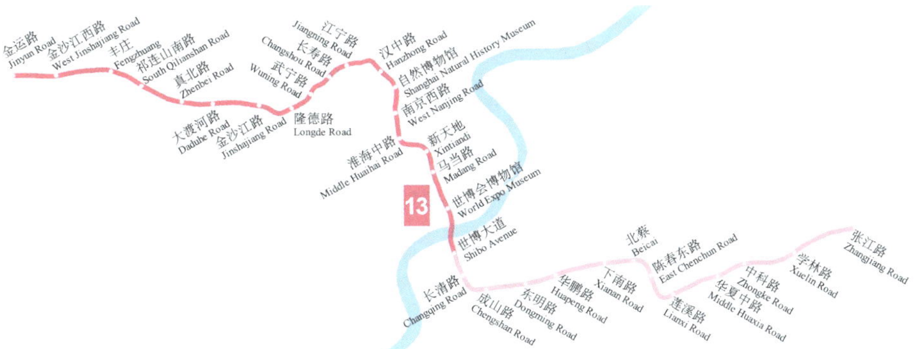

上海地铁 13 号线概览

上海地铁 16 号线概览

本站点，结合城市道路布局和客流集散点分布确定。然后再结合每个车站所在位置的环境、车站出入口、风亭的设置条件，并综合考虑结构施工、用地规划、客流疏导及交通接驳等因素选择站位具体位置。上面列举的这些因素对于各站间距的长短会有很大程度的影响。虽然说不同线路、不同车站的间距有长有短，但也并不是完全没有规律可循。在我国，两个地铁站之间的距离一般在 1～2 km 之间。上面提到的 16 号线上有间距很长的两个站点，那大家知道上海地铁间距最短的在哪里吗？13 号线上汉中路站到自然博物馆站的间距非常短，只有 500 m，这在地铁系统里是非常少见的。

32 有的地铁车站为什么到站不停

大家有没有碰到这样的情况：我们在站台上，伸长了脖子，急切等着列车的到来。可是明明看见列车迎面而来，却不见车子停下来，而是直奔下一个车站去了。这不禁令人产生问号：为什么有的地铁会到站却不停站呢？

一般来说，地铁停站都是按照站点的预定情况来运营的，所以一定不是地铁运作临时出错。大家经如上海地铁 16 号线有时就会出现列车到站却不停靠的情况。在 16 号线前期运营方案设计时，运营工程师们考虑到，为了方便乘客从市区更快地到达临港新城，采用了快慢车间隔运行的方式。快车只会在一些客流量比较大的站点停靠，部分客流少的车站就会出现到站不停的现象；而慢车则会每一站都停。所以我们会发现其他线路的车站的站台上只能看到一来一回两根轨道线路，

上海 16 号线地铁列车飞驰而过

站台上候车的乘客

（图片来源：https://pixabay.com/photos/man-train-public-transportation-1283748/）

而 16 号线的很多车站有四根轨道线路。四个轨道线路中，两根线路是为了在本站停靠的车辆行驶的，另外两根则是为穿越本站不停靠的车辆行驶的。我们把这种运营方式叫作“越行”，这种“越行”方案的设计，虽然增加了车站的规模，加大了投资，但是为人们的高效出行提供了很好的解决方案。

而另一种情况就是临时安排，主要是为了缓解特殊情况下，某些拥挤车站的客流压力。比如遇上节假日或者某些地方举办大型活动的时候，为了应对突发的超大客流量的情况，车站会实行弹性的停站安排，防止车站因为过于拥挤而发生不必要的危险，影响乘客的人身安全与列车的运行效率。

其实生活在像上海这样的大城市中，经常乘坐地铁出行的话，地铁到站不停站的情况是时有发生的。通过今天的学习，如果以后大家再遇到这样的情况，一定要多一点耐心和理解，做一个有公德心、文明出行的优秀乘客！

33 地铁站为什么要设置这么多出入口

去过上海地铁徐家汇站或是人民广场站的朋友，一定会对地铁车站数量众多的出入口印象深刻。如果是初次乘坐，也一定会因为这么多个出入口而感到“小小的脑袋，充满了大大的疑惑”。那你们知道一个地铁车站，为什么要设置这么多个出入口么？

其实地铁工程师在设计之初，进行现场踏勘的时候，在哪里设置地铁出入口是他们最先思考的问题。正常情况下，地铁车站会设置两个及以上的出入口，一般设置在十字路口的四个象限或在马路的两边。

地下站的地铁出入口

（图片来源：https://pixabay.com/photos/escalator-subway-stairs-station-4438498/）

工程师们会尽量将出入口通道设置在合适的位置，能够让我们快速便捷地去自己想去的地方。

一般来说，地铁出入口是独立设置的，我们可以在马路上看到不同的式样。有些熟悉地铁的朋友甚至可以通过不同样式的出入口判断即将进入的是哪条地铁线。但是也会有一些特殊的出入口，我们可以在一些沿街的商店外立面上找到地铁标志，只要沿着标志标牌依次进入，可以很方便地进入地铁。有的出入口与地下过街人行通道结合，也有的出入口直接设置在某大型商场的下沉式广场中。

地铁出入口一般由楼梯与自动扶梯组成，知道吗，这些宽敞的楼梯和上下行扶梯可不是随便设置的，都是经过工程师根据这个车站的近远期客流数量仔细严密计算而来的。若是发生紧急情况，地铁出入口可以帮助我们快速有序地在规定的时间内从地下疏散至地面安全区域。

34 地铁最多能乘多少人

对于大多数上班族而言，在地铁的早晚高峰里“人挤人”成了一天的“必修课”。有人曾经这样形容自己，进地铁前元气满满，挤完地铁憔悴不堪。地铁入口源源不断地向站内输送人流量，等候地铁的人从站台鱼贯而入，那地铁会不会超载，会不会像动车一样被清客呢？地铁最多到底可以乘多少人呢？

其实设计师们早就预料到了地铁“这么受欢迎”的状况，在设计车辆的载客能力时，他们也进行了充分的考虑：我们以一列 6 节车厢的列车为例，如果满座的话，可以坐 256 人；如果每平方米站立 6 人的舒适状态情况下，可以搭乘 1 460 人，我们称这种情况为“定员”；如

A 型车 （采用上海 6 节编组 A 型车为例）

上海 6 节编组 A 型车示意图

C型车 （采用上海6节编组C型车为例）

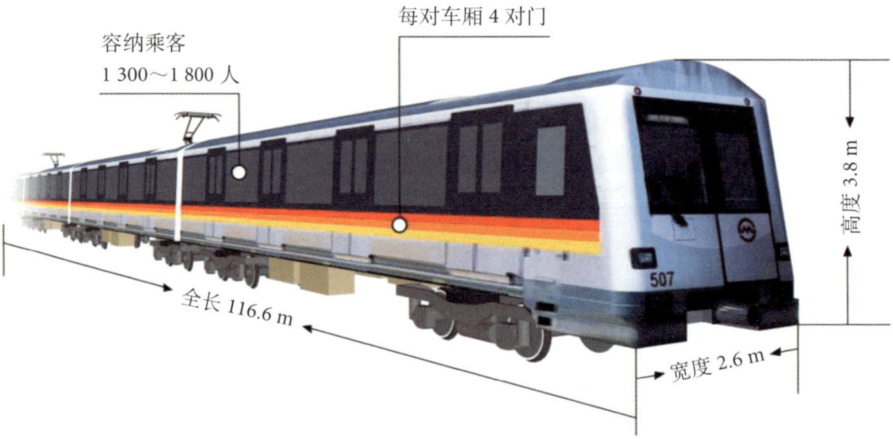

上海6节编组C型车示意图

果每平方米站立9人的拥挤状态情况下，可以搭乘2 062人。

大家有时候觉得车厢内已经挤得连放脚的地方都没有了，这样算超载了么？其实并不是，经过相关试验，当你觉得遇到最拥挤情况时，地铁仍然没有超载。甚至就算所有人都带了行李，也依然不会超过地铁的乘载上限。

因此我们千万不能小瞧咱们地铁的乘载能力，也不需要过分担心地铁会超载。虽然早晚高峰的时候，车厢内被塞得满满当当，看起来无从落脚，但载客量始终都在其能力范围之内，大家只是人挤人而已，完全不会影响地铁的正常行驶，更不存在因超员而清客的现象。

35 坐轮椅的人可以坐地铁吗

2020年11月，国家开展了第七次人口普查，结果证实了我国人口老龄化程度在不断加深。根据2021年5月11日《第七次全国人口普查公报》显示，60岁及以上人口超过2.6亿人，占18.70%，其中65岁及以上人口约为1.9亿人，占13.50%。此外，根据《新中国残疾人权益保障70周年》报告显示，我国有8 500万残疾人，是世界上残疾人口最多的国家，占总人口的6.34%，残疾人亲属占我国总人口近1/6，即每6个人当中就有1个跟残疾人有关系。所以越来越多的朋友关心：如果我们坐轮椅了，还可以乘地铁么？

地铁车站站台层的轮椅等候专区

地铁车站内的无障碍电梯及盲道（1）
（图片来源：https://pixabay.com/photos/elevator-lift-architecture-5092073/）

地铁车站内的无障碍电梯及盲道（2）
（图片来源：https://pixabay.com/photos/architecture-station-urban-tunnel-4376912/）

其实，这个问题完全不用担心。随着社会文明的进步和经济的飞速发展，公共设施“以人为本”地去适应各种类型人群的设计理念早已是设计师们特别关注的问题。坐轮椅的残障人士不但可以无障碍地乘坐地铁，而且站内工作人员也会帮助他们优先上下车。每个车站都有 1～2 处无障碍电梯带我们从地面下达站厅层，轮椅可以通过特别设置的宽通道闸机进入付费区，然后继续乘坐无障碍电梯进入站台层。地铁工程师设计地铁车辆时，会在每辆列车的每节车厢内，专门设置一处专用于轮椅停靠的区域，并在车内配置固定扶手、轮椅固定器及与这些设施相关的标志和使用说明。

如果有的楼梯边上没看见电梯怎么办呢？大家见过一种叫做“轮椅升降机”的设备吗？“轮椅升降机”是一种设置在楼梯旁用于运送坐轮椅的乘客上、下楼梯的设备。所以如果一时找不到电梯也不要着急，看看楼梯旁有没有“轮椅升降机”。

除了为乘坐轮椅的残障人群提供便利之外，设计师们也在其他很多方面进行了无障碍空间的功能性设计，使得地铁站内的无障碍空间更具备可识别性、易达性、可交往性的同时，也为残障人士的安全出行提供了一定的保障。

36 盲人是怎么坐地铁的

几米的漫画《地下铁》曾打动过很多人的心，故事中眼盲女孩在地下铁中走走停停，路过一幕幕色彩绚丽的画面，遇见一群群表情冷漠的乘客，女孩的梦幻理想与人群的呆滞麻木，造成强烈反差，让人深思。跳出故事，回到现实中来，我们是不是也很好奇，盲人既看不见路也看不见站牌，他们又是怎么乘坐地铁的呢？

其实地铁车站的每个出入口均设置了供盲人行走并与市政人行道接通的盲道，盲人乘客可以借助拐杖，通过盲道的指引进入车站。每个地铁站都设置了一个以上的无障碍电梯，盲人乘客依然可以根据盲道的引导，在无障碍电梯的帮助下进入车站。

进入车站站厅后，站厅内也设置有可达性较高的盲道，盲人乘客

车站站厅公共区内的盲道

（图片来源：https://pixabay.com/photos/subway-tram-traffic-train-3674646/）

车站出入口通道上的盲道

（图片来源：https://pixabay.com/photos/subway-olympics-paralympics-japan-4880694/）

从专用的双通道闸机进入后，借助盲道的指引，乘坐无障碍电梯，到达残障人士专用车厢的门口候车。当然，不熟练运用无障碍设施的盲人乘客也可以求得乘务员的帮助，当遇到乘车有困难的盲人乘客时，地铁内的工作人员可以通过地铁专用通信设备，将盲人乘客的具体信息通知给具体人员，负责帮助盲人乘客安全且顺利搭乘地铁出行，顺利进出车站。

也许在现实生活中，盲人朋友会觉得搭乘地铁是件麻烦的事情，因此比较抗拒一个人乘坐地铁。但其实现在地铁的无障碍设计已经考虑得非常周全了，盲人朋友们可以勇敢尝试一下。当然，我们如果碰到乘车有困难的盲人乘客，也要及时地向他们伸出援手。

37 在地铁站突然想上厕所怎么办

俗话说，人有三急。无论是在家还是外出，家长们也总是不忘提醒孩子：“多喝水，不喝生水。”水喝足了，突然内急是常有的事儿，特别是老人和孩子。试想一下，如果我们刚好身处地铁站或是地铁列车上，突然内急想上厕所，那该怎么办呢？总不能像“热锅上的蚂蚁”，急得团团转吧？

其实这个完全不用担心。如果我们刚好处于行驶状态的列车上，那就根据自身情况，随便选择就近的车站下车如厕即可，因为现在很多城市的地铁车站都设置厕所了。

为了方便乘客上厕所，设计师们在进行车站设计时，会结合客流方向及空间功能设计，在车站内设置公共厕所。现在的公共厕所包括

地铁车站内的卫生间

地铁车站内的第三卫生间

男卫生间、女卫生间及第三卫生间。第三卫生间不仅为残障人士提供便利，还方便家长/父母照顾婴幼儿，以及子女们照顾自己年迈的长辈。人性化的公共设施给大家出行带来更多便利。

但在地铁出现早期，并不是每个地铁车站都设置厕所的。随着社会经济的发展和设计师们不断探索，厕所的大小、位置及环境也在不停改进。早期的上海地铁线路，厕所都是设置在站台层的一端，主要是为站内候车的乘客提供便利，但这样也导致站台层局部区域空气质量变差。大家发现地铁车站的厕所如果设置在某个人流较大的出入口边上，不仅能够服务车站内的乘客，还方便了马路上的行人，同时也解决了站台空气质量问题。但是细心的朋友们可能也发现了，最新通车的地铁车站内的厕所又回到了站台层，这是为什么呢？当然是因为我们各种技术的进步，厕所既可以在站台层上又可以美观、清洁、便利地为大家服务了。

38 为什么地铁行驶的时候会有很大的声音

在时速 80 km 的地铁上，地铁行驶的巨大声响甚至掩盖了到站广播声、乘客谈笑声。所以挤在早晚高峰的地铁列车里，很多人不得不把耳机调到最大声响，让耳机里的声音战胜一切噪声。为什么地铁行驶的时候会有很大的声音呢？

地铁线路分为地上段和地下段，地上段由于周围环境空旷，声音向外散射，我们就感受不到地铁行驶的声响；但是若是进入地下段，由于地下隧道空间狭窄封闭，声音在周围圆形的结构墙内壁来回震荡，传入小小的车厢内，就导致了车内噪声非常大。其实地铁运行时，轨道结构与轮子相互摩擦震动，会发出巨大的声响，据测试其声音强度可以达到 100 dB 以上。

车轮与轨道摩擦的示意图

给大家补充一个小知识，大家知道什么是“轨道结构”?“轨道结构”到底有哪些成员组成的呢?我们把路基面或结构面以上的线路部分称之为“轨道结构”,“轨道结构”由钢轨、扣件、轨枕、倒床等组成。

为了消除噪声的不利影响，设计师也考虑了很多降噪方面的设计，通过隔声、吸声、阻尼控制，对列车地板板材进行选择和向车内喷涂阻尼浆等方式，降低车轮和钢轨间摩擦震动引起的轮轨噪声，从而减少噪声对乘客的影响。

如今科学技术的发展日新月异，相信在不久的将来，我们乘坐地铁时，不再需要用耳机隔绝车辆行驶的噪声，而是拥有更佳的乘坐体验!

39 为什么地铁有时候会发出刺耳的啸叫声

对常坐地铁的人来说，对于列车行驶过程中发出的些许噪声，或许早就已经“免疫”了，并不会产生不适感。但地铁在经过部分路段的时候，偶尔突如其来的啸叫声依然会让人感到刺耳。因此有些人会对此提出疑问：为什么地铁行驶过程中会发出这样刺耳的声音？这种现象会不会对列车行驶产生影响呢？

地铁运行时的噪声是由地铁列车的轮子与钢轨之间的摩擦产生的，列车在直线上行驶时噪声一般不大，但在通过小曲线半径和道岔区域时，噪声就会变得非常大。那什么是“小曲线半径线路”呢？简单说就是急弯道。地铁列车每节车厢下面都有两个转向架，转向架的作用是帮助车厢顺利地通过弯道，每个转向架上有两对轮子。地铁列车在通过小半径线路时，轮对与钢轨的摩擦会加剧，所以它会比在直线上行驶时发出更刺耳的“吱……吱……”声。

另外，地铁线路除了我们正常行驶的线路外，还有许多安全辅助用的线路，在车辆发生故障或者意外时，车辆需要从正常线路经过道岔[①]拐入辅助线路。地铁在通过道岔区域的时候，轮对与道岔钢轨的摩擦也会加剧，同时列车还会出现轻微的颠簸。

地铁工程师们为了降低噪声也想了很多办法，他们将部分区段的混凝土道床板安装在钢弹簧隔振器上，以此来达到减震降噪的目的。不过我们也不用担心，这个噪声虽大，但对列车的行驶安全是完全没有影响的。

---

① 道岔是引导机车车辆由一条线路转入或跨越另一条线路的连接与交叉设备的统称。

40 为什么在地铁车厢里我们的手机会变“迟钝”呢

当我们独自搭乘地铁时，难免百无聊赖，此时很多人就会忍不住掏出自己的手机。但当我们在车厢中刷手机时，手机似乎比平时“迟钝”了一些，会出现微博刷不顺、视频看不了的情况。那为什么我们在地铁上时手机信号会变弱呢？

由于地铁环境比较复杂，地铁站内隧道、车站空间狭窄，车厢金属外壳都会遮挡、屏蔽信号，因此难免会有信号覆盖不到或覆盖不好的地方，多少会出现手机信号弱的问题。

但未来我们的信号基站建设会越来越完善，第五代移动通信技术（5th Generation Mobile Communication Technology，5G）信号也会很快得到普及。那么可能会有人要提问了，在地铁车厢中，5G 是否也会存在上面提到的类似问题呢？

5G 系统在覆盖地铁的初期，系统尚未优化，由于工作频段较高，所遇到的电磁信号衰减、穿透和遮挡等问题要比 4G 更严重一些，不过经过后期网络精心优化和调试，问题最终得以改善。

此外，5G 手机是不会干扰地铁正常运营工作的。地铁运行所使用的各种移动通信系统，与 5G 系统不在相同或相邻的频段，不会造成电磁干扰。如同行驶在两条完全没有交叉的路上的汽车，怎么会相撞呢？

值得一提的是，如今列车通信系统已经具备先进的抗干扰能力，完全可以屏蔽其他微弱信号的干扰，所以乘客完全不用担心。相信在不久的将来，列车通信系统还会取得更大的发展进步！

41 我们在地铁站中如何“以数字会友”呢

“××× 小朋友，请听到广播后速到 × 楼服务台，你的家长在这里等你。”像这样的广播我们并不陌生。由于地铁站内客流量大，小孩、老人迷路、走散的情况时有发生。但我们不知道的是，地铁内的各种数字编号的标志，如地铁出入口编号、车厢号、屏蔽门编号等，都可以快速帮助我们同亲友会合。

车厢号位于车厢内两车厢连接处上端的显示屏两侧，一般 4 或 5 位数字，且有“车厢号”字样。因车厢号具有唯一性，可以准确定位，因

可以用于定位的“车厢号”

入口编号标志信息

屏蔽门编号及站台信息

此在列车出现故障、发现车厢内违法行为时，乘客可以通过车厢对话装置以及手机平台向地铁工作人员报修或举报。一旦发生在同一列车和同伴走散的情况，乘客也可以用手机拍下车厢号发送给同伴，尽快会合。

屏蔽门编号位于站台列车停靠时，屏蔽门的正上方或屏蔽门上。此编号具有唯一性，提前告知位置编号，可以在地铁内准确定位。屏蔽门编号不仅对在站台走散的乘客很实用，对于一起乘地铁上下班的小伙伴也很方便，准确定位可以同进同出。此外，往同一方向站台屏蔽门编号也有关联，在同一数字编号的屏蔽门上车，下一站对应相同数字屏蔽门可提前告知同伴便于会合。

大型换乘地铁站出入口众多，出入口编号具有唯一性，在地铁站内外均有明显标志。相比之下，信息量最大、定位最为准确的是地铁站内的全网图、站层图、街区图以及轨道交通地图，据此人们可以了解整个车站的空间结构和布局以及车站附近的标志建筑、城市地图。

有了这些数字编号的帮助，即使我们在地铁站中与亲朋好友们走散了，也不需要担心，必要时也可以向工作人员寻求帮助哦。

42 乘坐地铁时发生火灾怎么办

说起地铁火灾，不得不提 1987 年震惊世界的英国伦敦国王十字地铁站大火。火灾发生时，该地铁站火势迅速蔓延，浓烟滚滚，乘客陷入一片慌乱惊惧之中。那场大火整整持续燃烧了 4 个小时，死伤惨重。试想万一我们不幸在地铁上碰到火灾，该怎么办呢？

都说水火无情人有情，如果真的不幸在乘坐地铁时遇到火灾，我们首先应该做到的就是保持镇定，恐慌往往比火灾本身更可怕，稳住自己的同时还要注意听从工作人员的指挥和疏导，有序逃离火灾现场。

地铁发生火险主要有两种情况：一种是列车刚刚离开车站或即将到站。这种情况列车长会迅速断电，救援人员通过指挥调度中心了解列车的具体位置后，将用拖车把列车拖到站台，然后迅速打开车门进行营救和疏导。另一种情况是列车行驶到隧道中央时发生火灾，此时

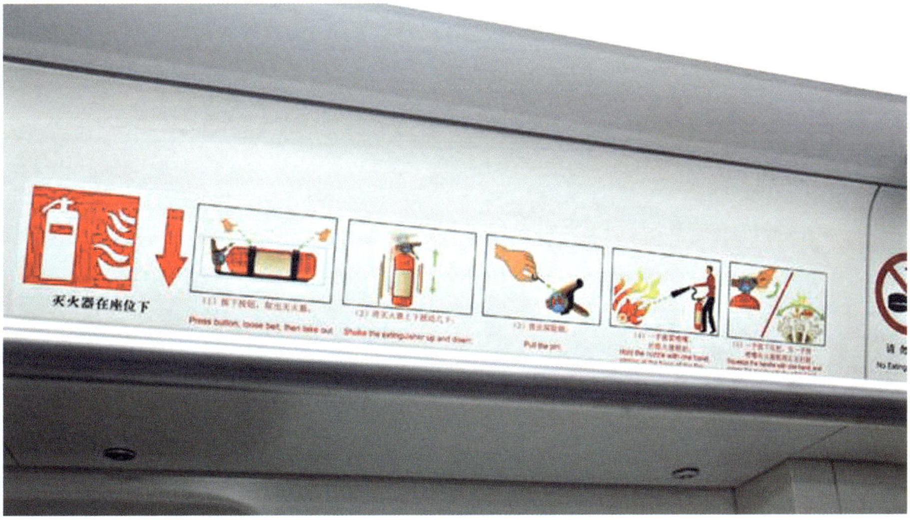

地铁车厢内的灭火设施使用说明

乘客也不必惊慌，根据应急预案，司机会立即切断外部高压电源，启动列车应急电源，打开列车的疏散车门，引导乘客下车，并指挥乘客顺着轨道向距离车站最近的方向撤退。这时车站的救援人员会开启隧道中的通风系统紧急模式，将风向人流疏散的反方向吹送，将可能出现的浓烟吹到远离乘客方向一端，并通过通风井排出。

工程师们在地铁设计中严格采用不可燃的材料，并充分考虑了消防疏散及防烟排烟等细节。目前我国地铁还保持着零火灾的记录，大家完全可以放心出行。

43 如果遇上地铁事故该如何逃生

“大难临头莫慌张，沉着逃生是良方”，这样的“顺口溜”想必大家都很熟悉。我们一定参加过应对突发事件的安全演练。想象一下，如果我们在拥挤的地铁站中，该如何应对突发事件呢？虽然我国目前的地铁系统有很好的安全保障，但大家多积累一些应对突发事件的经验和常识也是非常必要的。

如果地铁车站内发生突发事件，我们一定要听从站长和工作人员的指挥，有秩序地跟随人群一起撤离现场。千万记住，不要擅自行动，不要乘坐电梯，这个时候只有自己双腿是最可靠的。

如果我们不小心被夹在列车屏蔽门和车门之间，一定要设法抵住车门，哪怕夹住胳膊或腿，也决不让门关闭。只要门不关闭严实，列

屏蔽门打开，可实现紧急停车

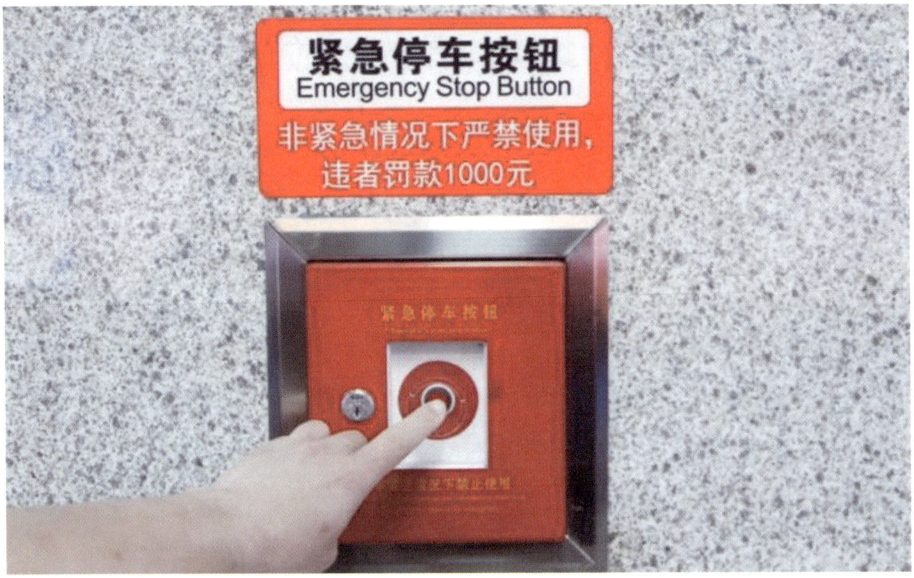

紧急停车按钮，可令列车紧急制动

车绝不会开动。系统三次锁门失败后，需要司机人工重新执行开门、关门操作。若不幸屏蔽门和车门都已经关闭了，那么屏蔽门内侧有一对黄色或红色把手，向外拉动把手，就能打开屏蔽门。只要保证屏蔽门打开，哪怕只有一条缝隙，列车也会紧急停止！

如果突发事件发生时，我们身处行驶中的地铁列车内，请相信列车司机会做出正确的判断，毕竟作为经验丰富的工作人员，他们都是非常专业的。

也许大家已经乘坐过无数次地铁，但是也可能从未留意过车站内或是车厢内报警器和灭火器的位置。下次大家乘坐地铁时可以仔细观察一下，找找它们的位置，以便更好地应对各种突发事件。

44 地铁车厢的应急装置

厉害了！上海轨道交通又创下了一个世界之最——“全球安全系数最高”。地铁作为我们广大市民日常出行的重要交通工具，自然是有着不容小觑的实力。经常乘坐地铁的上海朋友，可能对地铁内的环境已经见怪不怪了，但是许多初来上海的中外人士，只要乘坐过地铁，都赞不绝口，说上海的地铁集“整洁、有序、安全、准时、方便”于一体。

为了切实保障乘客的安全，工程师们在车站内设置了许多应急系统，下面我们就给大家列举几种比较常见的应急装置。

第一，客室车门紧急解锁装置，利用这个装置，在发生紧急情况有乘客需要下车时，可以使用应急开门手柄将车门解锁；第二，客室紧急对讲装置，利用这个装置，乘客可以按照提示的步骤，与控制中

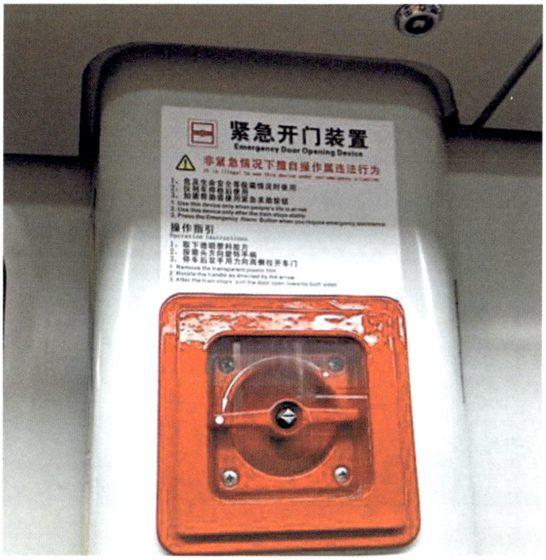

地铁车厢内紧急开门装置

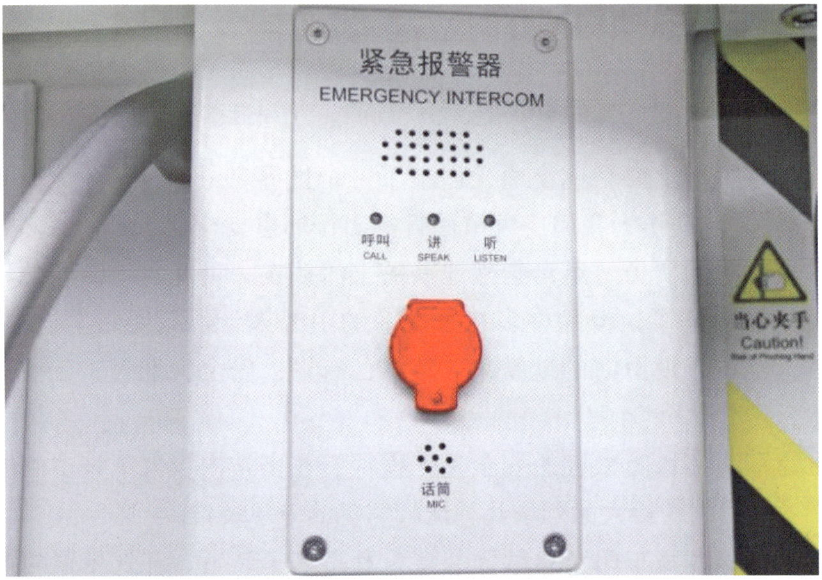

乘客紧急报警器（可与列车驾驶员通话）

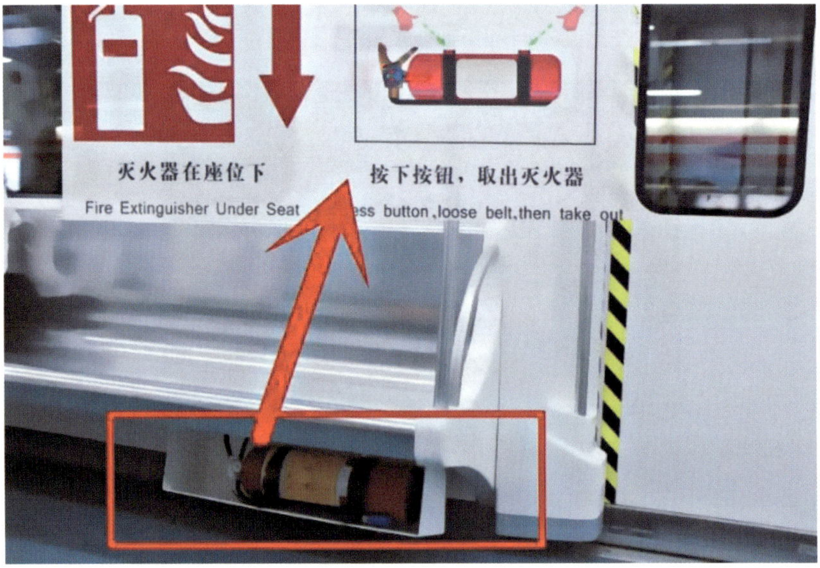

置于乘客座椅下方的灭火器

心或者驾驶室内的司机进行对话；第三，安全锤，列车的窗户是不能直接开启的，在紧急情况下，需要安全锤打破玻璃，以便换气或者逃生；第四，灭火器，通常放在乘客座椅下方，并在附近设置有相应的标志；第五，紧急逃生门，列车在隧道发生意外时，如果无法派车前往救助，可以通过紧急逃生门，就地疏散车上乘客；第六，站台紧急停车按钮，在紧急时刻，可以阻止接近的列车进站，也可以阻止列车启动离站。

当然，这些装置只限于紧急情况下使用，不可擅自胡乱使用。安全的地铁，离不开公安民警的守护，离不开轨交工作人员的值守，离不开安检人员的付出，更离不开我们广大乘客的配合与维护。

45 地铁会追尾吗

上下班高峰时，城市道路常常被堵，甚至发生车辆追尾事故。比较而言，乘坐地铁虽然挤但起码可以让我们准时到单位。有时我们会发现，前一辆列车刚开走没多久，后一辆列车就快要进站了，地铁班次的间隔时间如此之短，会不会发生追尾呢?

科学技术发展到今天，地铁的安全系统也可以像我们的手机一样，经过多次升级更新，变得更加先进。地铁不像地面交通那样，需要依靠红绿灯进行管控才能减速保持距离，以防止发生追尾。这里给大家介绍一个新名词，叫作“闭塞”，现在的地铁就是在“移动闭塞”信号系统的帮助下实现安全驾驶，避免前后追尾的事故。那什么是“闭塞”呢?

“闭塞”是用信号或凭证保证运行的列车之间保持安全追踪间距的技术方法。早期地铁使用的是“固定闭塞”，就是预先设定好列车之间的最小追踪间距且固定不变的闭塞方式，就是说某一段固定的隧道内只能出现一辆列车；后来又采用了“准移动闭塞”系统，列车之间的最小安全追踪间隔预先设定且固定不变，并根据前方目标状态设定列车的目标距离和速度；现在的技术更先进了，采用了“移动闭塞”系统，就是列车间的最小安全追踪间距不预先设定，而是可以随着列车的移动、速度的变化而变化。

有的读者会说，如果信号系统发生了故障，乘客是不是很危险啊?其实并不是信号系统出现故障时列车就一定会追尾相撞。因为偶尔信号系统出现故障，工作人员会采用人工调度的方式组织列车限速运行，我们把这种方式叫作“电话闭塞”。所以大家大可不必担心，车站里的工作人员为了我们的乘车安全，制定了很多相关措施，组织了很多培训和演练，以便更好地实现地铁的安全管理。

46 地铁有“黑匣子”吗

“马航事件”至今仍是一个未解之谜，为了探究飞机失事的具体原因，大家第一时间都会问，找到“黑匣子”了么？那么，这个“黑匣子”到底是什么？它是有着什么能力的神器？地铁有“黑匣子”么？

大家所说的“黑匣子”其实是一种记录交通工具行驶数据的仪器。一般来说，地铁或飞机的失事几率是非常小的，但是飞机一旦出事，结果将是灾难性的，很难有生还者。因此为了探究飞机意外发生的前因后果，“黑匣子”应运而生，它能记录失事瞬间和失事前的一段时间的情况，并将情况储存起来以方便调查人员在事故发生后将里面记录的数据提取出来。要想在失事后仍然完好地保留其中的数据，“黑匣子”必须能够承担巨大的冲击力和炙热的高温，还得经受得住海水（或煤油）浸泡。所以“黑匣子”大部分都是用坚硬的钛合金制作而成。

地铁车辆上有三个“黑匣子”，均安装在司机室端。第一个“黑匣子”是用来记录地铁司机驾驶过程中操作发出指令或列车自身非正常时的各项数据，它拥有每秒记录 4 次以上的计算能力；第二个“黑匣子”是用来记录司机与行车调度员通话信息的；第三个“黑匣子”是飞机驾驶舱和机舱内没有的，用来储存司机室和客室内的视频信息。

此外，相关人员还可以通过“黑匣子”数据来查看司机和列车的状况，总之，地铁上不仅有“黑匣子”，而且这“黑匣子”的功能还是非常强大的。

47 地铁有司机吗

我们经常看到新闻上有“最美公交司机”“最帅中国机长”的报道，却很少看到有关地铁司机的报道，平时搭乘地铁的时候也很少见到司机的身影，所以关于地铁是怎么驾驶的问题，很多朋友可能会好奇。那地铁到底有没有司机呢？地铁到底是自动驾驶的，还是像公交车一样是需要司机手动驾驶的呢？

随着信号系统的发展，如今我们见到大部分的地铁，都是采用自动驾驶的模式。但即使地铁处于自动驾驶模式，仍然需要能统筹全局的护航使者——地铁司机，而且有的地铁线路还会拥有两个司机。可能有人会说：“地铁都能自动驾驶了，那司机师傅的工作肯定很轻松吧。”然而事实并非完全如此。虽然地铁已经运用了自动驾驶技术，但并不代表其行驶过程已经是百分之百安全了。地铁运行过程中，司机

列车驾驶室

驾驶室中的乘务员手势

驾驶室中的司机手势

还需要随时观察信号屏幕，注意前方路段是否存在障碍，如果出现异常状况还要及时汇报，并紧急停车。所以地铁司机的工作并不是大家想象的那么轻松，依然需要全神贯注。

此外，为保证行车安全，司机都需要比画手势、动动嘴巴，在外行人看上去，司机师傅好像在喃喃自语，其实他们是在严格地做着规范动作，行业内称作“手指口呼”。当遇上车门开关、开车、停车、通过车站、遇上限速和识别不同的铁路讯号时，需要通过手势进行状况的确认。地铁列车上的司机都怀着这样一份严谨，时刻为大家的乘车安全保驾护航。

48 没有司机的地铁是怎么开动的呢

众所周知，近两年人工智能被应用于越来越多的领域，轨道交通的无人驾驶技术也在科学家们的努力研究下，出现在我们的生活中。无人驾驶的上海地铁 15 号线已于 2020 年年底开通运营。全新的列车，车厢内没有驾驶室，我们可以在车头享受驾驶员视角全程游览区间隧道，仿佛正在经历一场穿越时空的旅行。地铁上没有司机，车辆是怎么开动的呢？

“无人驾驶”是列车以信号技术为基础，实现全自动监控、安全防护和运行控制的技术。就是说列车完全由计算机自动驾驶，无需司

上海地铁无人驾驶车厢内部

机在驾驶室监督。驾驶列车的车载计算机可以自动实行列车加速、调速、停车和车门关闭、提示等控制技术。完成如此复杂的任务，势必需要实力强大的“左膀右臂”，那就是“列车自动防护（Automatic Train Protection，ATP）系统”及“列车自动监控（Automatic Train Supervision，ATS）系统”。“ATP”自动实现列车运行的安全间隔、超速防护、进路安全和车门监控，并将这些数据传送至数据中心。“ATS”可以根据列车时刻表为列车运行自动设定进路，指挥行车，实施列车运行管理，为车载计算机提供时间要求。就这样，列车在系统的控制下实现了全自动运行。

值得一提的是，全自动模式不但可以自动完成列车休眠、唤醒、准备、自检、行驶、停车和开关车门，连列车外部的清洗也能在无人操作的情况下完成。

目前除了上海，成都、北京也出现了很多无人驾驶的地铁线路，无人驾驶的地铁能够在我国运行，让我们感到无比骄傲和自豪。

49 工作人员是怎样看到车站中的每一位乘客的

搭乘地铁时，有没有留心观察过，我们其实很少能看见身着制服的工作人员。这是因为随着我国科学技术水平的飞速发展，越来越多的自动化设备出现在地铁车站内，有的线路甚至已经采用了无人自动驾驶技术。但机器也不能完全取代我们人类的工作，地铁站中的工作人员仍然需要通过监测设备确保站内乘客的安全。那工作人员是怎样看到车站中的每一位乘客的呢？

这里我们要给大家介绍一个叫作“闭路电视”(Closed Circuit Television，CCTV）的系统。但是这个“CCTV”并不是我们打开电视

上海 7 号线的控制大厅

就能看到的那个央视节目，“闭路电视”和我们家里客厅摆放的电视机也不是一回事。进入地铁时只要我们稍加留意，就可以看到在很多重要的地方都安装了摄像头，供安保人员对站内现状进行实时检视。为了提高工作效率，节省人员配备，在车控室内设置屏幕，也就是之前提到的CCTV系统，以便及时处理现场信息，保证车站的运营安全。工作人员可以借助CCTV系统查看乘客进出站或上下车的情况，而不必走出车控室，也不必专门安排工作人员在站台察看乘客上下车情况。

除了现场监视，CCTV系统还可用于远程电话电视会议，也可以对工作人员的驾驶操作、票务处理及地铁线路情况等进行录像，保留记录。

所以，虽然工作人员不在我们的身边，但他们能通过现有的先进设备，及时检查列车的运营状况，确保乘客的人身安全。

50 地铁为什么停得那么准

曾经看到一位网友这样留言："每次列车到站，开始慢慢减速，300 m、200 m、100 m……我就会想象自己是司机的样子，左手右手一个慢动作，右手左手慢动作重播，减速、对位、停车，一气呵成。列车稳稳地在停车标志 10 mm 误差以内！"

确实，几乎每次地铁到站时，停靠的位置都很精准，使车门和隔离墙的门恰好对上，极少有对不准的时候，很多人都会感叹：地铁司机的停车技术也太牛了吧！然而，列车高速驶向站台，然后刚好停在固定的位置，这些全都是地铁司机的功劳吗？这是怎么做到的呢？

事实上，地铁的精准停靠主要还是归功于科技的发达，地铁的运行是由计算机实时监控的。这里给大家介绍一个叫作"列车自动防护"（ATP）的信号系统，ATP 系统帮助我们自动实现列车运行的安全间隔、

应答器能精准地检测距离以及行驶速度

超速防护、进路安全及车门等监控技术。

当地铁行驶在轨道上时，会路过很多预先放置在道床上的黄色或者灰色的小设备，这些小设备叫作“应答器”。只要列车经过它们，“应答器”就可以非常精确地检测到地铁的行驶速度及位置，这些数据源源不断地传到对应地铁车站车控室里的数据中心，进行严格的把控。如果列车超速了就要发出信号指挥车辆稍为慢一点；如果前方不远处刚好有车辆，就要发出信号指挥车辆与前方车辆保持一定的安全距离。同样的道理，如果列车需要进站了，“应答器”就会将地铁到达站台的距离及当前速度传送到车控室的电脑数据中心，根据标准的停车程序指挥列车精准进站停车。

如此一来，有了 ATP 系统的帮助，就能更好地保证了乘客上下车时的安全。怎么样，我们的地铁很了不起吧！

51 为什么我们感觉不到地铁在转弯

平时无论是乘坐公交车还是小汽车出行时，都可以发现，车辆有时会经过转弯、掉头等几个过程才能到达目的地。曾经有人在纠结是乘坐地面交通工具出门快还是乘坐地铁快的问题，有的回答是这样说的："坐地铁要快一些，因为地铁在地下跑，全是直线，没有弯道。"大家觉得这是真的吗？地铁到底会不会转弯？

地铁带着我们从城市的这头前往城市的那头，过程中不仅有弯道，而且数量还不少呢。为了提高乘客在列车通过弯道时舒适度，设计师

地铁区间中的弯道

可是动了不少的脑筋。他们根据列车通过曲线段时平衡离心力，并考虑两股钢轨垂直受力均匀等条件计算曲线“超高”。所谓“超高”就是地铁车辆在通过曲线段线路的轨道时，内外钢轨轨顶的高差。弯道处的两根钢轨，并不是像直线段那样在同一水平面上，而是外轨高、内轨低，这样列车在通过弯道时，车身就处于倾斜状态，就可以避免由于向心力的作用而给乘客舒适度带来的影响。

不但如此，为了缓解地铁车辆的钢轮与轨道的摩擦及行驶过程中车厢的颠簸，车辆工程师在车辆的每一个转向架上都设置了一个“空气弹簧”，根据车辆的行驶状态，“空气弹簧”可以随时通过“充排气体”的操作，保持车厢处于水平状态。

所以，地铁不仅会转弯，上下坡也是不在话下！比起汽车，地铁的行驶相对稳定，且相对封闭，所以乘客无法根据自身感觉与窗外的景象判断地铁在行驶中具体路径情况。因此，很多人身处在车厢内也感觉不到地铁在转弯。

52 地铁是怎么“掉头”的

“掉头”几乎是每个新手司机的“噩梦”，因为在实际行驶中，“掉头”可不只是打打方向这么简单，一不留神可能就会被罚款扣分，甚至引发交通安全事故，但这也是每个司机不得不面对的一道难题。曾经有人戏言：“掉头难，难于上青天。”地铁车辆那么长，是怎么实现“掉头”的呢？

准确地说，地铁列车是不需要“掉头”的。我们把地铁列车到达终点站之后进行换向的过程叫作“折返”，所谓的“折返”就是列车从原来的方向换到另一个方向。那地铁列车又是如何折返的呢？

地铁的“折返”跟我们平时看到的汽车的“掉头”是不一样的。地铁列车是由双车头轮流牵引换向的，这就赋予了地铁双向行驶的功能。当我们到达终点站下车后，空荡荡的列车会行驶到先前就设计好的用于折返的道岔口。此后，司机会穿过长长的车厢，到达另一端的司机室，驾驶着列车开启下一趟行程。

单开道岔

复式交分道岔

这里就不得不再次提一下“道岔”这个概念，本书已经简单介绍了什么叫道岔，即“引导机车车辆由一条线路转入或跨越另一条线路的连接与交叉设备的统称”。下面，再详细介绍一下有关道岔的各种分类。

按照道岔所分线路的数量，可以分为“单开道岔”和“三开道岔。”单开道岔是指，将一条线路分成 2 条，主线为直线，侧线在主线的左侧或者右侧岔出的道岔。三开道岔指主线为直线，用同一部位的两组转辙器将线路分成 3 条，两侧为分支的道岔。按照道岔所分线路的方式，可以分出“复式交分道岔”，指两条相互交叉的线路，机车车辆能够沿原来的线路方向运行，也能由一条线路转入另一线路的道岔。

与道岔这个概念密切相关的术语还有“交叉渡线”。交叉渡线是指两条平行的线路，能够沿原来的线路方向运行，也能由一条线路转入另一线路的道岔。由 4 组单开道岔、一组菱形交叉以及连接轨道组成。

可见，地铁车辆就是依靠这些道岔和交叉渡线来进行各种“掉头”和转换路线的。

53 地铁转弯方便吗

在“贪吃蛇”这个游戏中，每个人都可以操纵一条迷你小蛇，吞食周围的能量豆，闪避身边的障碍物。随着吞食量的增加，小蛇就会越长越长，行动反而变得不那么灵活了，尤其是在转弯的时候，一个不留神就会撞上障碍物，导致游戏结束。

而现实中的地铁车辆，体量比小游戏中的“贪吃蛇”更大更长，而且还只能在空间有限的隧道或是桥梁上行驶，转弯的时候是不是更加不方便呢？前面已经介绍了地铁列车是怎么“掉头”的，现在就来看看，地铁列车是怎么转弯的。

对于像地铁这样的体型巨大的交通工具，转弯真是件高难度的

地铁隧道的弯道

事情呢。这里我们不得不提到一个关键名词“正线圆曲线最小半径”。“正线圆曲线最小半径”是根据车轮在曲线钢轨上的运行轨迹，由于内外轮的长度差异，造成轮对在曲线上滚动运行中产生滑动摩擦，曲线半径越小，滑动摩擦越大，对钢轨的损耗越严重，所以多年来各个城市轨道交通经验总结，提出了圆曲线最小半径的规定。

那这么长的地铁要多大的转弯半径才能完成转弯呢。这跟车辆通过线路的运行条件有关，例如运行速度、对轮轨的磨耗，以及产生轮轨噪声等因素。我们对线路曲线半径大小有所选择，并非越大越好。简单来说车辆越大，速度越快，需要的转弯半径就越大。

以一辆地铁行业内的 A 型车为例，转向架的轮对固定轴距为 2.5 m，兼顾曲线通过速度不宜过低，圆曲线的最小半径为 350 m；而以地铁行业中的 B 型车为例，转向架的轮对固定轴距为 2.3 m，兼顾曲线通过速度不宜过低，圆曲线的最小半径则为 300 m。

地铁车辆现在已经平安转弯了，那你们知道地铁车辆有方向盘么？告诉大家，地铁车辆是没有方向盘的，很意外吧。

54 所有地铁的行驶速度都是一样的吗

大家有在电影赛车竞速的片段中，我们可以发现，不同种类、不同品牌的赛车的速度有快有慢，并且在不同赛段它们的速度也不一样。那所有地铁的行驶速度都是一样的吗？

上海地铁 11 号线最高时速 100 km，只在南翔站到马陆站之间可以达到这个速度。16 号线新型列车时速将达 120 km。上海大部分的地铁最高时速是 80 km，一般司机会控制在每小时 75～78 km 之间，因为如果超过 80 km 列车会自动急刹车。一般情况下，列车在转弯时会减速，而经过有限速要求的路段时，列车也同样会减速。还有与 6 号线同样型号的 C 型车最高时速只有 60 km。

飞驰而过的地铁

（图片来源：https://pixabay.com/photos/london-underground-england-travel-1128803/）

一般来说，最高速度可达 80 km/h 的地铁线路，旅行速度可以达到 30～35 km/h，故将地铁敷设于城市中心 15 km 半径圈内是合理的。出了 15 km 半径圈，就应考虑最高时速为 100 km、120 km、140 km、160 km 级别的列车。

除此之外，地铁的速度取决于线路性质及用车情况。比如上海 16 号线被定义为“市域快线”，因此采用“大站快车”的方式来提升旅行速度，即只在人流量集中的大站停靠，这样可以在一定程度上压缩运行时间，减少出行时耗。

总之，地铁车辆毕竟是在城市中行驶，为了保证行车安全，对列车行驶的速度进行控制是很有必要的。

55 为什么地铁会“绕圈”行驶

当我们乘坐的汽车遇到像上海五角场那样的转盘时，司机师傅通常会按照交通规则的要求绕着转盘驾驶。其实，有些地铁线路也会像转盘一样设置成环形，比如上海地铁 4 号线就设计成一个环形的线路。那为什么要设置“绕圈”行驶的地铁线路呢？

其实，地铁设置环线的目的很明确，就是将城市各个片区紧密地连在一起，为各个片区提供便捷，快速的轨道交通无需因为片区分布于不同线路而增加换乘次数。地铁环线在方便放射线郊区段之间换乘，使这部分客流不必进入市中心的同时，减轻中心城区换乘站的压力。

此外，环线还有个好处就是没有终点站折返带来的总体间隔限制。在高峰期内外圈列车不换向一直运营，而平峰期可以根据客流情况下线部分列车。

所以，环状线可以吸引换乘客流，分担中心区域换乘客流压力，保证乘客们能够安全顺畅地出行。这下大家明白，为什么有的地铁会“绕圈”行驶了吧。

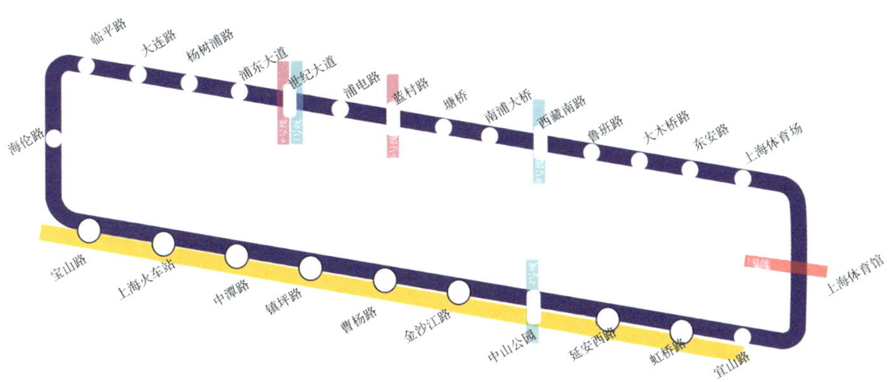

上海地铁 4 号线线路图

56 如何辨别地铁环线的方向呢

有歌词里写道："时间好像一个圈，兜兜转转到原点。"但大家一定想不到其中暗含了数学几何的知识。圆圈本就是一条封闭的曲线，一个圆环的起点可以看作它的终点，所以才会"兜兜转转到原点"。我们的地铁也有环形线路，如此"兜兜转转到原点"岂不是让人迷惑？那我们又该如何辨别地铁环线的方向呢？

一般的地铁线路都有终点站，即使有主支线也可以用终点站来表示方向，甚至有大小交路也可以。但环线因为没有终点站这个概念，所以如何清晰明了地向乘客标明列车的行驶方向看起来就略麻烦一些。

环线地铁上的线路图，一般会将一些车站的站名打成灰色，表示"已驶过车站"的意思，将更近的一些车站的站名打成黑色，也就是"将驶往车站"。对于乘客来说，这样的线路图指引方向的效果更好，当看到黑色的站名就说明我们的方向是正确的，看到灰色站名表示我们所乘的车不开往这个方向。

作为国内为数不多的地铁环线，上海 4 号线的导向标志其实还比较清晰。上海 4 号线使用了与 1、2、8 号线的五座换乘站作为全线的重点车站，这样每一站的参照物都一样。

现在，大家应该都知道怎么判断地铁环线的行驶方向了吧？

57 崭新的地铁列车是怎么运进城来的呢

在高速公路上，我们有时会见到大卡车上载着一辆辆五颜六色、“新鲜出厂”的小轿车，缓缓进城，但是几乎没见过卡车载着崭新的地铁列车在路上行驶。地铁列车一般都有一百多米长，远远超过了一般卡车的长度，它们是怎么从建造工厂运到我们的城市里来的呢？

实际上地铁列车生产完成后，也是通过铁路或者公路进行运输。如果列车是在海外生产，还会使用轮船运输或者航空运输，才能横跨大洋来到我们的城市。

如果是采用铁路运输的方式，就要将一整列长长的列车用一个火车头牵引拉到目标城市。那说到这里一定有朋友要提问了，地铁也可以在火车的轨道上行驶么？答案是可以的，因为地铁轮对的轨道间距与火车轨道是一样的，都是 1 435 mm，所以地铁列车是可以在铁路上运输的。但是如果铁路没有与地铁停车场的轨道连通，还是需要用卡车进行转运的。

如果是采用公路运输的方式，列车就要被拆成一节节车厢，一辆卡车装载一节车厢。卡车成群结队地将车厢运送到地铁停车场后，需要在现场对车厢进行组装连挂。这个时候列车工程师就闪亮登场了，因为刚生产出来的新车是没有动力的，需要用大吊车将车厢吊装到卸车线之后，再由现场工人合力将被拆分的车厢合并到一起。所以我们可以看到，一辆崭新地铁能顺利地上路，需要很多相关人员的付出与劳动，来之不易。

58 为什么不在每一个城市都普及地铁呢

地铁的出现极大地方便了人们的日常出行，如今不少城市都修建了地铁，是否有地铁也已经成了衡量一个城市经济发展水平的标准之一。一些生活在没有地铁的城市里的朋友可能会问：地铁这么方便快捷，为什么不能在每一个城市都普及使用呢?

地铁刚诞生的时候，是为了缓解日益加重城市交通负担，减轻汽车尾气大量排放造成的城市环境污染。随着城市人口不断增加，人均占用的空间就越来越少，而地铁所处的地下空间，刚好有助于节省大城市“寸土寸金”的地面空间。更重要的是，地铁的行驶线路不与其他交通工具的行驶线路重叠交叉，就可以避免因挤占道路而带来交通的拥堵，做到准时准点地停靠站点，为在大城市奔波赶时间的人们提供了极大便利。所以，不仅仅是一线的超大城市，一些二线城市也陆续开始建造地铁。

虽然地铁方便了我们的日常出行，但是建造地铁对人力、财力、时间的消耗也是巨大的。想要地铁线路覆盖整个城市，并非轻而易举的小事，需要统筹多条线路进行网络化运营设计。一条地铁线从规划到建成，往往需要 5～10 年，甚至更久的时间。另外，地铁每修建 1 km 就需要耗费 7 亿～10 亿元的资金，这个成本比修建高铁有过之而无不及，而通常一条完整的地铁线路大概有几十千米，更不用提地铁建成后的维护费用，这些都不是普通中、小城市能够承受得了的。另外，一般的中、小城市人口密度本来的就不大，普通的地面公交等交通运输方式完全可以满足人们出行的需要，修建耗时、费力又造价高昂的地铁，显然不经济。

地铁的出现是交通行业的又一次革新，但也是一场挑战。一个城市是否要建造地铁，还是要根据自身的情况来判断。

59 我国大部分地铁真的一直在亏钱吗

俗话说“要致富先修路”，从这句话大家就可以看出交通对一个国家经济发展的重要性。中国城市轨道交通协会发布的《2021 年上半年中国内地城轨交通线路概况》显示，为了市内交通更为便捷，我国已经有 49 个城市拥有了自己的地铁网络，除了直辖市和省会城市外，很多普通地级市也已经开始规划建造地铁。地铁的建设花费了巨大的投入，但是曾有这样一个传闻：“全世界范围内除了中国香港地铁能盈利，其他城市的地铁都在亏损运营。”大家觉得这是真的吗？如果是真的，那为什么即便地铁常年亏钱，各个城市还要抢着建设地铁项目呢？

城市中的轨道交通

其实建造地铁最大的意义并不全是为了盈利，我国人口非常密集，地铁这样的公共交通不仅能方便人们出行，还可以缓解城市中的交通拥堵现象，减少汽车尾气排放造成的污染。以更为长远的目光来看，地铁带来的社会效益要远大于经济效益。地下铁路空间是一个城市的缩影，不仅仅是公共交通的轨道，更像是一个城市的血脉。地铁的成功修建能够带动相关地区的经济发展，推动周边房地产升值，促进商业欣欣向荣，催生新的商圈，增加城市活力，促进城市生长的良性循环。

总之，任何事物的发展都具有两面性。对一个城市来说，地铁的修建虽然会存在经济上的亏损，但可以给其他方面带来正向的收入与益处，比如大气环境的改善，给当地的商业经济带来新的增值空间，从而带动整个城市的蓬勃发展，迸发新的活力。